W. Vater

Rechenspiele

zur mathematischen
Förderung im Vorschulalter

Rehabilitationsverlag GmbH · 5300 Bonn-Bad Godesberg

CIP-Kurztitelaufnahme der Deutschen Bibliothek

Vater, Wolfgang
Rechenspiele zur mathematischen Förderung im Vorschulalter
W. Vater — Bonn: Reha-Verlag, 1984

ISBN 3-88239-096-4

Herausgeber:
Rehabilitationsverlag GmbH, 5300 Bonn 2, Roonstraße 30

Alle Rechte, einschließlich der auszugsweisen mechanischen Vervielfältigung vorbehalten.

ISBN 3-88239-096-4

Inhaltsverzeichnis

Vorwort 4
Einführung 5
Entwicklung des Zahlbegriffs beim Kind 6

Fördermöglichkeiten im Spiel 13
Wahrnehmung 13
Figur–Grund–Wahrnehmung 13
Wahrnehmungsbeständigkeit 24
Wahrnehmung der Positionen und Beziehungen 30
Akustische Wahrnehmung 37

Nachahmung 41

Eigenschaften und Strukturen 43
Gruppenbildung 43
Gruppenbildung nach einem Merkmal 43
Gruppenbildung nach zwei und mehr Merkmalen 59
Merkmale benennen 64
Frage- und Ratespiele 67

Beziehungen 68
Intensitätsbeziehungen 69
Zweierbeziehung 76

Reihenbildung 78
Zufällige Reihung 79
Abfolgen 82

Mächtigkeiten 87
Mächtigkeitsvergleich 87
Wesensbestimmte Zuordnung 91
Stück-für-Stück-Zuordnung 94
Anzahlveränderungen 99
Erhaltung der Mächtigkeit 102

Raumerfahrung 105

Mengen 111
Mengensymbole 111
Mengenbilder 114

Bestimmung der Anzahl 121
Abzählreime 122
Zählspiele 123
Mengenbestimmung 126

Zählen 138
Abzählreime 140
Rangreihen bilden 141
Bildergeschichten 146
Zahlbestimmung 147
Ordnungszahlen 154

Umgang mit Mengen und Zahlen 156
Ziffern 164

Schlußwort 167

Vorwort

Die „Zahl" in ihrer mannigfachen Ausprägung und Anwendung spielt eine bedeutendere Rolle für den Einzelnen in der heutigen Welt als gemeinhin angenommen und gesehen wird. Sowohl das durch die Technik und Naturwissenschaft bestimmte Berufsleben als auch das auf logisches, beziehungserfassendes und -stiftendes Denken der Schule sind ohne fundierte ZAHLBEGRIFFS-ENTWICKLUNG nicht zu bewältigen.

In dieser von der „Zahl" bestimmten Zeit wird auch das entwicklungsgestörte Kind leben und arbeiten müssen. Das bedeutet, daß bei ihm schon rechtzeitig, d.h. wenn der kindliche Geist dafür empfänglich ist, Vorerfahrungen angebahnt und Handlungstechniken angeboten werden müssen, wenn es später in einem Akt des Verinnerlichens die Handlungsergebnisse und -erfahrungen zu Denkstrukturen umformen soll. Es muß gelernt haben, sich mit den Dingen, mit einer Ansammlung von Dingen, mit den unbestimmten Mengen auseinanderzusetzen, ehe es die Anzahl solcher Mengen oder die Stellung einer Menge in einer Rangreihe erfassen und in den dafür verwendeten Symbolen wiedergeben kann.

Wenngleich gegen diese Forderung nichts einzuwenden ist, hört man doch vielerorts die Klage, daß gerade die Gruppe der entwicklungsgestörten Kinder Schwierigkeiten im mathematischen und vor-mathematischen Bereich haben.

> Ist diese beobachtbare Minderleistung auf eine geringere geistige Fähigkeit oder vielmehr auf eingeschränkte Umwelterfahrungen und Handlungsmöglichkeiten zurückzuführen?

Ein von uns durchgeführter Vergleich, der die Voraussetzungen für die Bildung der Zahlbegriffe bei entwicklungsverzögerten und normalentwickelten Kindern im vorschulischen Alter erfaßte, ergab, daß bei beiden Gruppen die gleichen Entwicklungstendenzen zu beobachten sind.

Wenn aber bei beiden Kindergruppen die gleichen Voraussetzungen und Strebensrichtungen vorhanden sind und es trotzdem zu Minderleistungen bei der Gruppe der entwicklungsgestörten Kinder kommt, müssen dann nicht die ruhenden, brachliegenden Fähigkeiten durch Spiel- und Handlungsangebote geweckt und gefördert werden?

Um auch entwicklungsgestörten Kindern genügend Entwicklungsanreize zu verschaffen, haben wir diese Spielesammlung zusammengestellt.

Heidelberg im Dezember 1982   Wolfgang Vater

Einführung

In dieser Spielesammlung sind 260 Spiele zur mathematischen Früherziehung enthalten. Die Sammlung richtet sich insbesondere an entwicklungsverzögerte Kinder im Vorschulalter.

WICHTIG!
Es ist nicht notwendig, daß alle Spiele hintereinander durchgespielt werden. Der Erzieher soll sich aus jedem Kapitel die Spiele heraussuchen, die ihm zusagen und für die er das Kind (die Gruppe) begeistern kann.

WICHTIG!
Wer nicht weiß, wo er anfangen soll, bietet dem Kind zuerst ein Spiel aus dem Bereich der „Wahrnehmung", dann eines aus dem Bereich der „Mächtigkeitsvergleiche" und schließlich eines aus dem Kapitel der „Mengenbestimmung" an. Die Bereiche, die das Kind schon beherrscht, brauchen nicht mehr gefördert werden.

WICHTIG!
Jedes Kapitel wird mit einigen theoretischen Hinweisen eingeleitet. Wer sich für noch mehr Theorie interessiert, kann den nachfolgenden theoretischen Vorspann lesen. Notwendig für das Spielverständnis ist er nicht.

WICHTIG!
Die Spiele sollen in erster Linie Freude und Spaß bereiten. Alles übertriebene Üben und Fordern verdirbt trotz guter Absicht mehr als es nutzt.

Kinder im Vorschulalter sind noch keine Schüler.

Entwicklung des Zahlbegriffs beim Kind

A. Die Bedeutung des Anzahlmäßigen bei Kindern im frühen Alter

Bei der Beobachtung der Kinder im vorschulischen Alter fällt auf, daß Gebilde, die von Erwachsenen unter dem Gesichtspunkt der Menge, der Anzahl, der Stellung in einer Reihe usw. gesehen werden können, für Kinder nichts „Zahliges" an sich zu haben brauchen. Für ein Kind dieses Alters ist es z.B. nicht notwendig, daß es für das Erkennen, Erfassen und Wiedergeben eines Vierecks, um das „Viermalige" der Ecken, Kanten, Seiten usw. weiß. Es kann sich das Viereck vorstellen, es nachbilden, ohne an die „Vierheit" zu denken oder sie gar zu zählen.

Die erste wichtige Struktur zum Erfassen der Welt ist demnach beim Kind die WAHRNEHMUNG. Sehen, hören, tasten, riechen, schmecken vermitteln Dingqualitäten, die an die einzelnen Gegenstände gebunden sind.

Damit hängt auch die Antwort zusammen, warum das Kind bis zu einem bestimmten Alter dem Zahlenmäßigen einer Situation keine Bedeutung schenkt oder beimißt.

DIE ZAHL – UND DAS LIEGT IN IHREM WESEN – IST ÜBERTRAGBAR AUF DIE VERSCHIEDENSTEN ANORDNUNGEN UND GRUPPEN UND IST DOCH ÜBERALL DIESELBE UND DASSELBE.

Dazu bedarf es eines Denkvermögens, das unterscheiden, zergliedern, zusammenfassen und verallgemeinern kann. Über diese Denkqualitäten verfügt das Vorschulkind noch nicht im ausreichenden Maße. Das Kind dieses Alters denkt noch ICHBEZOGEN. Das, was für es wichtig ist, steht als Denkinhalt an erster Stelle. Eine bekannte Anekdote verdeutlicht diese Denkweise:

„Wieviel Stück Torte hast Du gegessen?" "Zwei!"
„Wenn Du noch ein Stück ißt, was hast du dann?"
Antwort: *„Bauchschmerzen!"*

Dieses Beispiel zeigt, daß das Kind im vorschulischen und oftmals noch mit beginnendem Schulalter noch auf das für es biologisch Sinnvolle orientiert und nicht an der zahlenmäßigen Bewältigung einer Situation interessiert ist. Fragt man ein Kind, was Hund und Katze gemeinsam haben, so wird es in den meisten Fällen antworten: *„Sie sind Feinde!"* Es wird selten sagen: *"Es sind Haustiere."*

Diese Art zu denken darf jedoch nicht als minderwertig bezeichnet werden. Sie ist eben prinzipiell anders und erhält ihre Bedeutung aus der jeweiligen Entwicklungsstufe.

Reine Rechenspiele (2 + 2 = ?) müssen demnach für das Kind auf dieser Entwicklungsstufe absurd, sinnwidrig und sinnlos erscheinen, weil sie für das ichbezogene Verhalten und Denken des Kindes keine Bedeutung haben.

Zudem fällt es schwer, „Rechenaufgaben", die als Ansporn für die Beachtung und Auseinandersetzung mit dem quantitativen Bereich wirken, in ausreichender Anzahl für das Kind zu finden.

Zusammenfassend können wir sagen, daß das Kind im vorschulischen Alter von seiner psychischen Struktur her über eine ichbezogene Mengenbewältigung nicht hinauskommt. Der Abstand zwischen seiner Wahrnehmungswelt und der Geisteshaltung, die der Zahl zugrunde liegt, ist dadurch bedingt, daß die Zahlen reine Denkgebilde sind, die Kinder dieses Alters aber noch auf das gerichtet sind, was sichtbar und greifbar ist.

B. Frühes Mengenerleben

Neben der psychisch-geistigen Grundhaltung des Kindes im vorschulischen Alter, die der Zahl kaum Gewicht beimißt, ist doch ein nicht-zahliges, aber doch mengenorientiertes Verhalten in Ansätzen zu beachten.

DAS MENGENHAFTE DER UMGEBUNG DRÄNGT SICH IN DIE WAHRNEHMUNGSWELT DES KINDES UND FORDERT GERADEZU DESSEN BEACHTUNG HERAUS.

Ein Beispiel, bei dem das Mengenhafte zur Beachtung drängt:
Ein 2,6 Jahre alter Junge erhält 5 Schokoladenriegel auf einem Teller angeboten. Sie gehören jetzt ihm. Ohne daß der Junge es sieht, nimmt ihm die jüngere Schwester ein Stückchen weg. Der Junge schaut auf den Teller und protestiert lauthals: „Weg, weg!"

Es ist in vielen solcher Situationen ein irgendwie wertmäßiges Berührtwerden vom Anzahligen bei den Kindern zu beobachten.

Daß die Größe, d.h. der Umfang der Menge für das Kind gefühlsmäßig wirksamer ist, als die Anzahl der Elemente, beweisen die oft zitierten Versuche Piagets. Sie zeigen sehr deutlich, wie sich der Zahlbegriff entwickelt und welche Bedingungen gegeben sein müssen, damit man von seinem Vorhandensein sprechen kann.

C. Entwicklung des Zahlbegriffs

Der bekannte Psychologe J. Piaget geht davon aus, daß das Wesensmerkmal allen zahlenmäßigen oder mengenhaften Erfassens ihre unerschütterliche BESTÄNDIGKEIT ist. Das, was einmal als Messergebnis, als Erkenntnis (gleich, mehr, weniger usw.) erkannt worden ist, ändert sich nicht mehr. „Drei" bleibt „Drei", egal, ob die einzelnen Elemente so oder so liegen, ob die einen länger oder kürzer sind, ob sie rot oder blau sind.

I. Wie entwickelt sich das Merkmal der Beständigkeit?

a. Sensomotorische Periode

Die erste Periode, die in der Regelentwicklung von 0 bis 2. Lebensjahr reicht, wird aufgrund des Koordinierens der beiden Hauptbereiche Wahrnehmung und Motorik als sensomotorische Periode bezeichnet.

Die Entwicklung der Wahrnehmung und der Motorik ist für das Ausbilden aller höheren geistigen Tätigkeiten von entscheidender Bedeutung. Die Ausbildung und Ausgestaltung der sinnlichen Erkenntnis und das Beherrschen der wichtigsten Bewegungs- und räumlichen Orientierungsmuster prägen die Qualität der späteren sprachlichen und logischen Intelligenz. Daher muß das Angebot auf dieser Altersstufe umfassend und reichhaltig sein.

Mängel, die sich beim Kind im Einschulungsalter beim begrifflich-logischen Erfassen von Zusammenhängen oder in der sprachlich-rhythmisch-musischen Darstellungsfähigkeit zeigen, sind auf ein Defizit der frühen Stufe der Sensomotorik zurückzuführen. Hier muß ein Fundament geschaffen worden sein, auf dem sich alle anderen Stufen und Fördereinheiten aufbauen.

Charakteristikum der sensomotorischen Periode:

Kleinkinder denken an den Gegenstand, den sie im Moment vor sich sehen. Zeigt man ihnen ein begehrenswertes Spielzeug und legt kurz vor dem Ergreifen ein Tuch darüber, dann bemüht sich das Kind nicht mehr darum. Der Gegenstand ist für das Kind nicht mehr existent.

Kleinkinder nehmen die Gegenstände wie Bilder wahr. Diese tauchen auf und verschwinden wieder. Sie haben aber noch keinen bleibenden Charakter.

DAS WISSEN, DASS DINGE NICHT EINFACH VERSCHWUNDEN SIND, WEIL DAS KIND SIE NICHT MEHR SEHEN KANN, STELLT EINEN BEDEUTENDEN PUNKT IN DER BEGRIFFSENTWICKLUNG DAR.

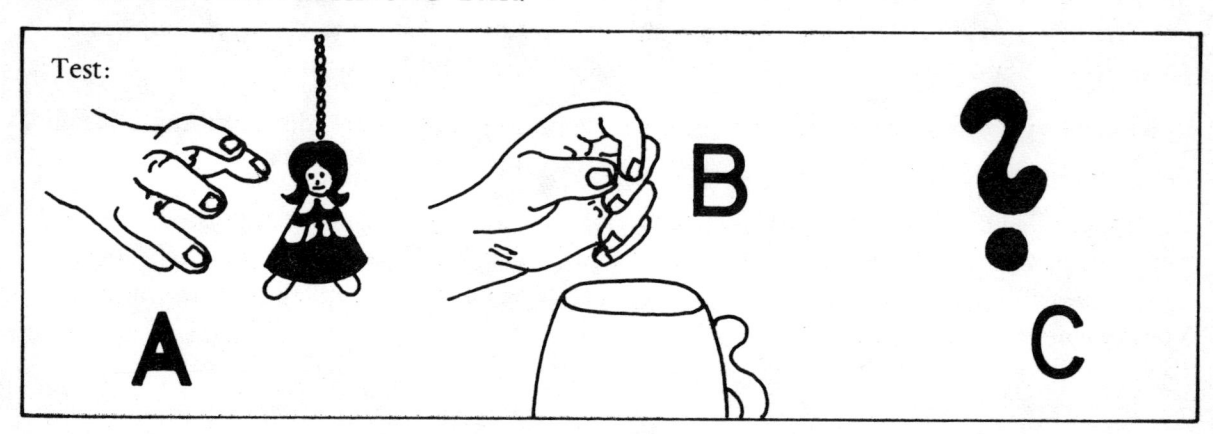

Der Erwachsene läßt eine kleine Puppe vor den Augen des Kindes hin- und herpendeln. Bevor das Kind danach greifen kann, legt er sie unter eine umgestülpte Tasse.
Was macht das Kind?

Die Vorstellung von der Beständigkeit der Gegenstände ist zunächst noch verschwommen, doch festigt eine Vielzahl von PROBIERHANDLUNGEN und das Erlernen der jeweiligen sprachlichen Bezeichnungen den Begriff mehr und mehr.

Eine zweite Eigenheit der senssmotorischen Periode besteht darin, daß die Handlungen des Kindes, die zuerst zufällig und ziellos sind, nunmehr zielgerichtet werden. Das Kind schiebt ein Hindernis weg, um an ein Spielzeug zu kommen, es zieht das Tuch zu sich her, um nach der Süßigkeit greifen zu können.

Der handelnde Umgang mit den Dingen bewirkt eine Unterscheidung zwischen sich selbst und der Umgebung. Beim Kleinkind sind weder das Selbst noch die Außenwelt als in sich ruhende Wirklichkeiten vorhanden. Erst allmählich wird zwischen diesen beiden Seinsbereichen unterschieden. Mit dem wachsenden Verständnis für die Außenwelt lernt das Kleinkind auch sich selbst besser kennen. Die Erkenntnis, daß die Dinge von ihm getrennt sind, hilft ihm, sich selbst besser wahrzunehmen.

Die sensomotorischen Entwicklungsziele umfassen demnach eine Vielzahl von Bereichen und lassen sich in der Praxis nicht immer auseinanderhalten. Der eine Bereich greift in den anderen ein und beide stützen sich gegenseitig.

Folgende Zielkomplexe wurden in die Spielesammlung aufgenommen:
a) Optische Wahrnehmung
b) Akustische Wahrnehmung
c) Körperbewußtheit

b) Erwachen der Symbolfunktion

Das Kind erwirbt während der Vorschulzeit die Fähigkeit, bestimmte Dinge durch andere zu ersetzen, beziehungsweise durch solche zu ersetzen, die gerade nicht gegenwärtig sind. Diese neue Funktion löst die bisherigen nur an die Wahrnehmung gebundenen Sehweisen auf. Das denkende Analysieren schiebt sich langsam in den Vordergrund. Die volle Ausprägung der neuen Art der Auffassung, die an die geistige Entwicklung des Kindes gebunden ist, steht erst im beginnenden Schulalter zur Verfügung.

Test:

In zwei Standzylinder wird gleichviel Flüssigkeit gefüllt. Die optisch wahrnehmbare Gleichheit wird festgestellt und bestätigt. Die des einen Zylinders wird vor den Augen des Kindes in ein längliches schmales Glas umgefüllt, so daß unterschiedliche optische Eindrücke entstehen. Wird die Beständigkeit der Menge vom Kind erkannt werden?

Die Versuche zeigen, daß Kinder um das 5. Lebensjahr nach dem Einfüllen der Flüssigkeit in die beiden gleich aussehenden Standzylinder die Gleichheit bestätigen, diese aber verneinen, wenn sie die neuen Ausmaße sehen.

DIE MENGEN WERDEN ZUNÄCHST NUR NACH DER WAHRNEHMUNG GEWERTET.

Die eine Säule ist höher, also ist die Menge auch größer. Daß der betreffende Zylinder einen kleineren Durchmesser hat, wird noch nicht beachtet. Ein logisches Zusammensehen von Höhe und Breite (Durchmesser) ist dem Kind dieses Alters nicht möglich.

Diesem ersten Stadium folgt ein zweites, in dem das etwa 5, 6 Jahre alte Kind eine Art Zwischenlösung anbietet. Es wird beim Anblick der beiden neuen Mengen unsicher. Einmal läßt es sich vom Eindruck des Einfüllens leiten und bestätigt die Gleichheit, dann läßt es sich wieder von seiner Wahrnehmung leiten und spricht die Ungleichheit aus.

Erst im dritten Stadium, d.h. zwischen 6 und 7 Jahren gelingt es den Kindern, die Gleichheit der Menge unabhängig von ihren äußeren Wahrnehmungsformen zu erkennen, d.h. die Logik setzt sich gegenüber der Wahrnehmung durch.

Die einmal festgestellte Gleichheit der Menge bleibt erhalten.

II Wodurch kommt das Merkmal der Beständigkeit zustande?

Die Wurzeln dieses neuen Denkens liegen im 2. Stadium. Wodurch konnte dort die Gleichheit der beiden Mengen festgestellt werden?

Durch das PROBIEREN!

Die Kinder konnten die Perlen aus den beiden ungleichen Zylindern wieder in die Ausgangszylinder zurückschütten und so die Gleichheit der beiden Mengen erneut erkennen. Die Handlung des Umschüttens konnte in beide Richtungen gehen (Umschütten – Zurückschütten). Diese Flexibilität des Handelns schlägt sich in der Flexibilität des Denkens nieder.

> Wenn ich die beiden unterschiedlich aussehenden Mengen wieder zurückschütte, dann sind sie wieder gleich, also müssen sie auch jetzt gleich sein.

AUS DIESEM HANDELN RESULTIEREN MIT FORTSCHREITENDER VERINNERLICHUNG DENKAKTE, DIE SICH DER WAHRNEHMUNG ZUGESELLEN UND DAS WAHRNEHMUNGSBILD AUFLOCKERN.

Wiederum ist es wie in der sensomotorischen Periode des Weltaufbaus die HANDLUNG oder die TÄTIGKEIT AM OBJEKT, die für die neue Erkenntnis maßgebend ist.

Aus diesem Grund haben wir bei unserer Sammlung von möglichen Fördermaßnahmen auf das „SPIEL" zurückgegriffen. Spiel ist Handlung und Handlung läßt Erkenntnisse zu. Das Wichtigste, das Eltern oder Erzieher tun, ist, daß sie dem Kind *Gelegenheit zum handelnden Umgang mit den Dingen geben.* Das ist das erste und wichtigste Gebot aller Erziehung und Förderung der Kinder im Vorschulalter.

III. Wie entwickelt sich die Mengenbeachtung?

Bei der Begriffsbestimmung der Zahl müssen wir uns fragen, was eigentlich zum Zahlbegriff gehört.
1. Die Zahl kann bestimmt werden hinsichtlich einer bestimmten Mächtigkeit (Anzahl (5) oder: mehr, weniger, gleichviel)
2. Die Zahl kann bestimmt werden hinsichtlich ihrer Rangfolge (1. 2. 3. usw.)
3. Die Zahl kann bestimmt werden hinsichtlich ihrer Beziehung zu anderen Mächtigkeiten oder Rangfolgen (5 = 1+1+1+1 oder 2+3 oder 4+1 oder ...)

Dieses formale „Wissen um ...", das bei jeder uns gegebenen Zahl unterschwellig immer da ist, ermöglicht es, daß z.B. die Zahl „753" als Zahlbegriff bei uns vorhanden sein kann. Wir erfassen diesen Zahlbegriff aufgrund des formalen Wissens von den Zahlen, denn vorstellen können wir uns diese Mächtigkeit oder Rangfolge nicht mehr.

Wir stellen also fest, daß die Zahlen einerseits den Ort in einer Reihe (der 753ste), andererseits die Zusammenfassung einer Menge von Gegenständen, Gliedern, Elementen (alle zusammen sind 753) angeben. Hierzu bedarf es einer geistigen Ordnungstätigkeit, d.h. der Fähigkeit zum Denken.

Welche Beziehung besteht nun zwischen Denken und Zahlbegriffsentwicklung?

a) Qualitatives Denken

Bevor die Kinder Mengen bilden können, müssen sie lernen, Gegenstände hinsichtlich bestimmter Eigenschaften und Merkmale zu charakterisieren, wobei die Eigenschaftsbegriffe an sich schon eine geistige Abstraktion darstellen. Das Kind benötigt zahlreiche Erfahrungen mit einer bestimmten Eigenschaft, um sich ihrer bedienen zu können. Es muß eine Fülle von Handlungserfahrungen besitzen, um bestimmt sagen zu können, daß der Gegenstand rund oder rot ist.

Die für die Mengenbildung benötigten Eigenschaften sind meistens solche der Größe, Farbe, Form, der Materialbeschaffenheit. Die Berücksichtigung der räumlichen Eigenschaften und Beziehungen bietet sich ebenfalls an und wurde auch in die Spielesammlung aufgenommen.

BEVOR DAS KIND GEGENSTÄNDE ZU MENGEN VEREINIGEN KANN, MUSS ES EIN MERKMAL FINDEN, DAS ALLEN GEMEINSAM IST, D.H. DIE KINDER MÜSSEN ZUERST EIGENSCHAFTEN SEHEN, ERKENNEN UND ZUSAMMENFASSEN KÖNNEN.

b. Quantitatives Denken

Wenn wir für denken=urteilen setzen, dann bedeutet dies, daß der Denkende den Dingen auf den Grund geht, daß er die Denkgebilde teilt, vereint, unter einem anderen Gesichtspunkt neu betrachtet, daß er sie analysiert.

Wenn das Kind aber nun Einzeldinge wahrnimmt, Dinge trennt, wenn es Verbindungen, Beziehungen zwischen den Dingen herstellt, dann ist das nicht mehr allein eine Angelegenheit der Wahrnehmung, sondern auch des Denkens.

Wir müssen den Kindern viele Spiele anbieten, bei denen diese Fähigkeiten erworben werden können.

c. Kardinalzahl und Ordinalzahl

Der Zahlbegriff setzt sich aus dem

- Kardinalzahlbegriff   (7 als Anzahl)
- Ordinalzahlbegriff   (der 7. Platz in einer Reihe)

zusammen. Beide sind nicht voneinander zu trennen, sie bedingen sich gegenseitig.

Kardination (Mengenbildung)

Das Mengenbilden meint das Zusammenfügen von Gegenständen. Gleichgültig, ob sie nun zusammenpassen oder nicht. Es muß nur eines beachtet werden:

DIE GLIEDER MÜSSEN ALS ZUSAMMENGEHÖRIG BETRACHTET WERDEN, DAMIT SIE UNTER EINER ZAHL AUFGEFASST WERDEN KÖNNEN. DER GEDANKLICHE VORGANG BESTEHT IN DEM ZUSAMMENFASSEN ALLER GLIEDER UNTER EINER K L A S S E.

Jede Zahl ist demnach eine Klasse für sich, eine Klasse einer bestimmten Mächtigkeit. Neben der „Dreiheit" steht beispielsweise alles, was unter der „Vierheit" zusammengefaßt werden kann. Hierbei spielt es dann keine Rolle, ob unter der Klasse „Vier" 2 Schuhe und 2 Heringe zusammenkommen, sie müssen nur als zusammengehörig gedacht werden, damit sie eine „Vierheit" ergeben.

Steriation (Rangreihe)

Dem Vorgang des Mengenbildens muß ein zweiter zur Seite treten. Jede Menge kann mit einer anderen verglichen werden, die eine ist größer, die andere ist kleiner, d.h. es kann eine Rangreihe hergestellt werden, in der jede Menge ihren Platz hat.

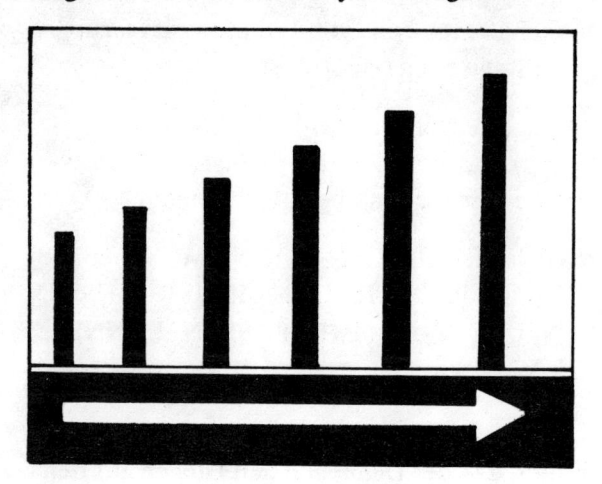

Erst wenn diese beiden gedanklichen Tätigkeiten zusammenkommen, wenn sie als Einheit aufgefaßt werden, besitzt das Kind den Zahlbegriff.

Das weitere Vorgehen greift auf diese erworbenen Fähigkeiten zurück und bietet nacheinander den handelnden und denkenden Umgang mit Zahlen an.

Fördermöglichkeiten im Spiel

WAHRNEHMUNG

Figur-Grund-Wahrnehmung

Bei der Figur-Grund-Wahrnehmung ist die Fähigkeit gemeint, die die Aufmerksamkeit und Konzentration des Kindes auf die Merkmale eines Gegenstandes oder einer Situation zu lenken versteht. Dabei tritt die „Figur", die für das augenblickliche Handeln wichtig ist, in den Vordergrund und dasjenige, das im Moment keine Bedeutung hat, bleibt als „Grund" im Hintergrund.

Beim Ausführen der Spiele kommt es zuerst darauf an, daß das Kind die optischen Gegebenheiten überhaupt sieht, daß es zu Wahrnehmungsleistungen generell fähig ist. Allmählich soll jedoch auch der UMFANG, die GENAUIGKEIT, die SCHNELLIGKEIT und die WENDIGKEIT der Wahrnehmung beachtet und in die Spielabsicht integriert werden.

Bei allen Spielen ist von der lebendigen Umgebung (Haus, Garten, Küche, Gruppenraum) auszugehen. Alle Aktivitäten mit Papier und Bleistift (Arbeitshefte – Vorschulmappen) kommen erst an zweiter Stelle.

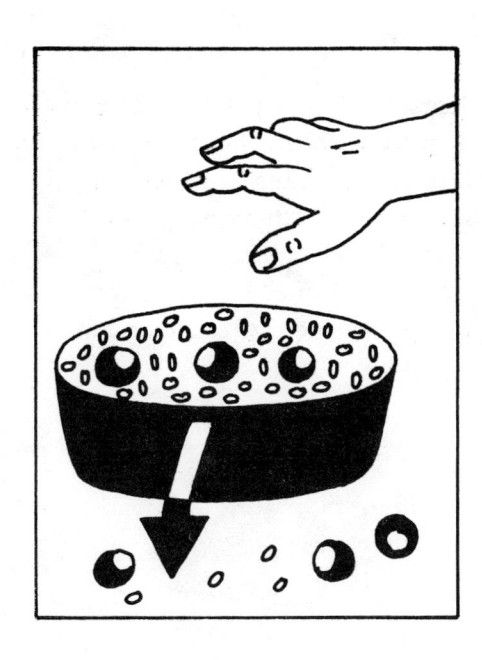

Kastanien im Mais

In einer Maisschüssel mit den Händen zu wühlen, bereitet den Kindern großen Spaß. Die kleinen, glatten Körner streifen, reiben, berühren die Haut und bewirken eine wohltuende Massage. Bei Kindern, deren Greifvermögen, deren Hautsensibilität angeregt werden soll, bilden solche Übungen den Einstieg in eine sinnvolle Wahrnehmungsschulung. Hin und wieder legen wir Kastanien (Bauklötzchen, Kaffeelöffel, Tennisbälle usw.) in den Mais. Die Kinder sollen auf dem Tast- und Berührungshintergrund des Maises die andersgeartete Tastqualität der Kastanien erfühlen und den sich abhebenden Gegenstand aus dem Mais heraussuchen.
Jede Handlung kann versprachlicht werden.

Beispiel:
„Spürst du die Kastanie? Nimm sie in die Hand! Zeige sie mir!
Richtig, du hast die Kastanie gefunden. Findest du noch mehr Kastanien im Mais?"

Papierschnipsel aufheben

Ordentlich sind die Kinder noch nicht, aber wenn sie motiviert werden, heben sie auch die Papierschnipsel vom Fußboden auf. *„Schau Klaus, es hat geschneit. Überall liegen weiße Schnipsel. Zuerst laufen wir über den Bode, ohne einen Schnipsel zu berühren, dann heben wir jeden einzelnen Schnipsel auf und werfen ihn in den Korb. Ich fange damit an."*

„Kannst du das auch!"

Das Kind muß jeden einzelnen Schnipsel wahrnehmen, d.h. es muß ihn optisch vom Untergrund abheben, um nach ihm greifen zu können.

Bei älteren Kindern oder bei denen, die schon mehrere Male dieses Spiel gespielt haben, wählen wir solch einen Untergrund aus, der der Struktur der Schnipsel ähnlicher ist, z.B. Zeitungspapierschnipsel auf marmoriertem Kunststoffboden oder rote Fäden auf dem Teppichboden.

Alle Stöckchen einsammeln

Im Sandkasten auf dem Kinderspielplatz oder im Urlaub am Strand werfen wir mit dem Kind zusammen einen nicht zu hohen Hügel auf und stecken in unterschiedlichen Abständen Stöckchen oder dergleichen in die weiche Masse. Die Aufgabe des Kindes besteht darin, die Stöckchen, die sich hinsichtlich ihrer Farbe nur wenig vom Senduntergrund unterscheiden, zu sehen und in einem Eimerchen einzusammeln.

Variation:
Am Strand sammeln wir Muscheln. Zuerst nehmen wir alle Arten, später differenzieren wir. Heute sammeln wir nur weiße, morgen heben wir die graugefleckten Muscheln auf.

Eine weitere Wahrnehmungsübung, die wir als solche gar nicht bezeichnen würden, ist z.B. das Beerensammeln.

Nüsse und Eicheln aus einem Korb sortieren

Daß etwas sortiert werden soll, erfahren die Kinder schon frühzeitig. Auch in Märchen treten solche Tätigkeiten auf. „Die Guten ins Töpfchen, die Schlechten ins Kröpfchen." Die Mutter erzählt den Kindern eine Geschichte von den Eichhörnchen. Diese haben einen ganzen Korb mit Haselnüssen und Eicheln gesammelt. Nun sollen sie die beiden Früchte in je ein Schälchen sortieren, damit Frau Eichhörnchen sie für den Winter getrenn aufbewahren kann.

Was die Eichhörnchen zu Wege bringen, müßte den Kindern doch auch gelingen. Also an die Arbeit! Hier ist der Korb mit dem Sortiermaterial und da stehen die zwei Schälchen.

Wichtig!
Das erste Sortiermaterial soll sich sehr auffallend voneinander unterscheiden. Die Kriterien, nach denen sortiert werden soll, müssen eindeutig und klar sein (entgegengesetzte Gebrauchswerte, stark kontrastierende Farben, auffällige Eigenschaften mit hohem Bekanntheitsgrad).

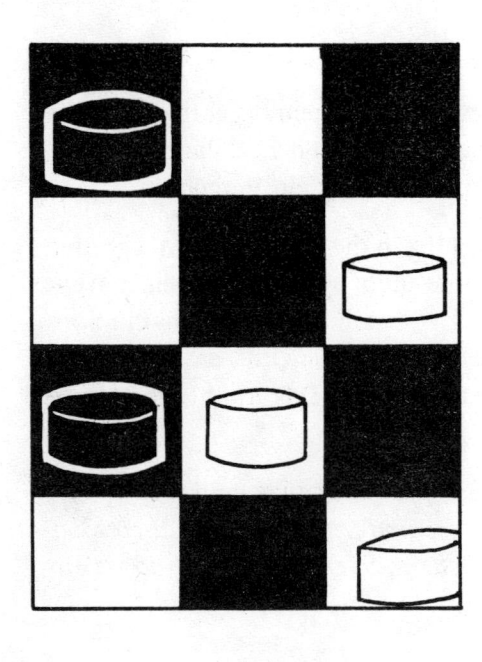

Weiß auf Weiß – Schwarz auf Schwarz

Die Wahrnehmungsanforderungen werden allmählich gesteigert.

Spiel- bzw. Übungsmaterial:
Schachbrett, schwarze und weiße Dominosteine.

1) Zuerst legt der Vater die weißen Steine auf das schwarze Feld und die schwarzen Steine auf das weiße Feld. Das Kind wird ermuntert, alle Steine wieder einzusammeln.

2) Beherrscht das Kind diese Art von Wahrnehmungsleistung, legt der Vater die schwarzen Steine auf das schwarze Feld und die weißen auf das dementsprechende Feld. Das Figur-Hintergrund-Schema ist jetzt stark eingeschränkt. Schwarz hebt sich von Schwarz nicht mehr ab.

Variation:
Im Garten steht eine grüne Ligusterhecke. Der Vater zeigt dem Kind zuvor einige markante grüne Blätter und legt sie dann auf die Hecke. Kann das Kind dort die Blätter sehen und wieder einsammeln?

Alle grünen Klammern

Gibt es im Haushalt Dinge, die alle die gleiche Form, aber unterschiedliche Farben haben?

Beispiel:
Kunststoffwäscheklammern, Mikadostäbchen, Blei- und Farbstifte, Plastiktrinkröhrchen, Pfeifenputzer usw.

Der Erwachsene arrangiert ein Sortierspiel damit: *„Ach Gott, jetzt ist der Oma der Beutel mit den Wäscheklammern heruntergefallen. Sie kann sich doch so schlecht bücken. Komm wir heben sie wieder auf! Du hebst alle Grünen auf und ich die Roten."*

Variation:
Die Wäscheklammern werden nach Farben sortiert und anschließend nach dem gleichen Kriterium auf eine Leine geklammert. *„Auf diese Leine kommen alle roten Klammern. Auf diese alle Grünen!"*

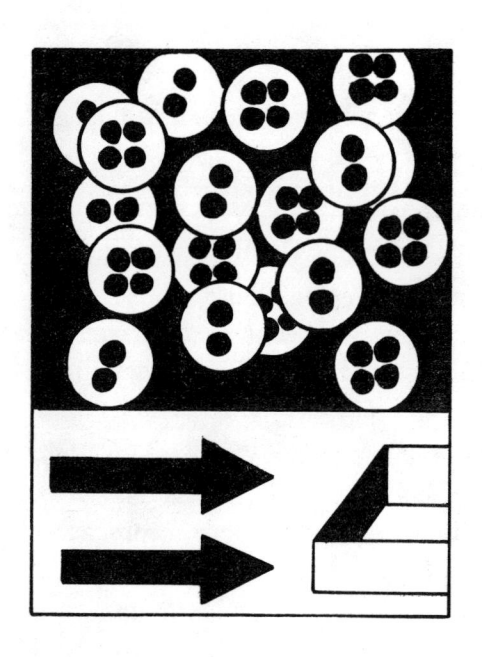

Zweierlei Knöpfe

Großmutters Knopfschachtel ist ein begehrtes Spielobjekt. Schon allein das Betrachten der schillernden Farben und der bizzaren Formen ist ein Vergnügen.

Wir lassen das Kind ruhig in die Knopfschachtel greifen und mit den Knöpfen wahllos spielen. Nach einer Weile geben wir dem Kind zu verstehen, daß wir uns ein Sortierspiel ausgedacht haben. Ein Spiel für das Kind ganz allein — extra für es ausgedacht. Das erhöht die Motivation.

„Schau einmal die Knöpfe ganz genau an. Da gibt es Große und Kleine, Rote und Schwarze, aber auch solche mit zwei und vier Löchern. Suche bitte alle Knöpfe aus, die so . . . . aussehen."

Das Sortierkriterium richtet sich nach dem Entwicklungsstand, dem geistigen Vermögen und der Handgeschicklichkeit des Kindes. Auch wenn das Kind noch nicht zählen kann, ist der Unterschied zwischen zwei und vier Löchern optisch wahrnehmbar.

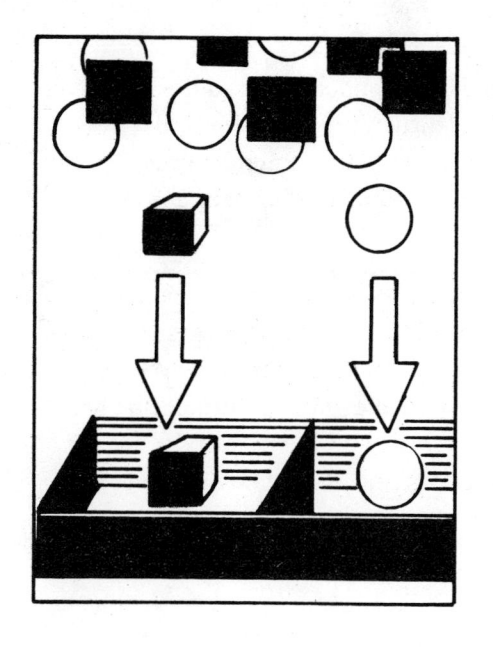

Wer sieht die viereckigen Klötzchen?

Ausgangsmaterial für dieses Spiel sind Bauklötzchen. Wie häufig kommt es vor, daß alle kunterbunt auf dem Fußboden liegen. Wer hebt sie wieder auf? Natürlich die Mutter! Sicher geht das schneller, aber für das Kind wäre es lehrreicher, wenn es das selbst tun würde und dabei noch dieses und jenes beachten müßte.

„Also mein Lieber, jetzt aber an die Arbeit. Du bist ein großer Junge und kannst der Mutter schon helfen. Gib acht! Die viereckigen Klötzchen kommen in diese Schachtel, die runden in die andere."

Variation:
Eine Schuhschachtel wird unterteilt. In die rechte Hälfte sollen alle Muggelsteine und in die linke alle Holzperlen gelegt werden. Das Sortierkriterium ist hier die Form. Die Farbe spielt keine Rolle.

Gelb auf Gelb! – Wer sieht das?

Auf einen Karton zeichnen wir in einer bestimmten Anordnung lauter gleichgroße Kreise und malen sie mit Filzstiften farbig aus. Mit dem gleichen Durchmesser schneiden wir aus Karton Legemarken aus und malen sie entsprechend an. Nun legen wir die gelben Spielmarken (Muggelsteine, Kunststoffblättchen, Holzwalzen usw.) auf die gelben Kreise und die roten auf die entsprechend roten Felder. Die Aufgabe des Kindes besteht darin, die gelben Plättchen auf dem gelben Hintergrund wahrzunehmen, einzusammeln und in bereitgestellte Becher oder Dosen zu geben.

Variation:
Bei manchen Würfelspielen (z.B. Mensch-ärgere-dich-Nicht) sind die Kreismarkierungen vorhanden. Hier werden z.B. die blauen Hütchen auf die blauen Markierungen gesetzt und wieder weggenommen.

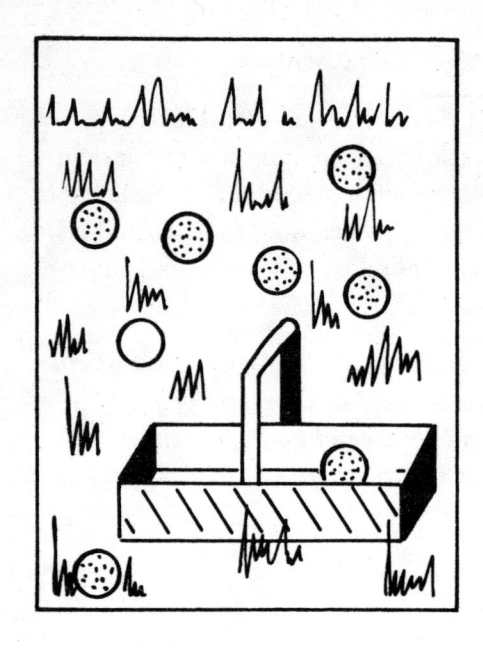

Murmeln im Gras

Im Frühjahr, wenn das Gras noch nicht so hoch ist, verlegen wir unsere Spielaktivitäten ins Freie. Jeder Mitspieler erhält ein Körbchen oder Eimerchen mit der Aufforderung, alle im Gras liegenden Murmeln einzusammeln.

Am Anfang ist dies noch leicht, weil die roten und gelben Murmeln sich wie bunte Früchte vom grünen Gras abheben. Aber allmählich gleichen wir die Farben dem Untergrund an. Wer sieht die grünen Murmeln im grünen Gras? Wem die Murmeln zu klein sind, der schaut sich nach entsprechend großen Gummibällen um.

Variation:
Während der Bastelstunde streichen die Kinder Styroporkugeln mit wasserfester Farbe an. Danach werden sie wie Ostereier versteckt. Jeder soll seine Kugel wiederfinden.

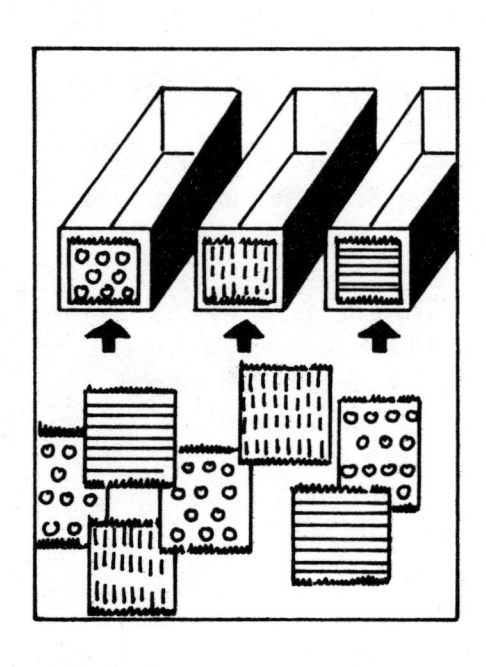

Stoffreste sortieren

Mutters „Flecklkiste" ist für so macherlei gut. Heute beziehen wir sie in ein Wahrnehmungsspiel mit ein. Auf der Außenseite dreier Schuhschachteln kleben wir je ein charakteristisches Stück Stoff auf. Die gleichen Reststücke werden mit einigen anderen Teilen bunt durcheinander gewirbelt und über den gesamten Fußboden zerstreut.

Das Kind erhält die Aufgabe, die jeweiligen „Fleckln" herauszusuchen und in die entsprechende Schachtel zu legen.

Variation:
Anstelle der Stoffstücke nehmen wir Tapetenreste. Von zwei oder drei unterschiedlich strukturierten Resten schneiden wir jeweils 4–5 quadratische Teile ab, mischen sie durcheinander und fordern das Kind auf, immer die, die zueinander passen, herauszusuchen.

Welche Flasche paßt zu welchem Schattenbild?

Es gibt eine erstaunliche Vielfalt von Flaschenformen. Dies machen wir uns bei einem sehr attraktiven Wahrnehmungs- und Zuordnungsspiel zunutze.

1) Zuerst legen wir eine charakteristische Flasche auf einen gefalteten Karton und ziehen mit einem Stift die Umrisse nach.

2) Dann malen wir die Fläche grau oder schwarz aus. Zu einem späteren Zeitpunkt lassen wir die Farbe als Kontrastmittel weg.

3) Die so entstandenen 3 bis 5 Kartonbilder werden in einiger Entfernung in einer Reihe aufgestellt.
Nun soll das Kind die realen Flaschen dem Schattenbild aufgrund der Umrißlinien zuordnen.

Schlangenaugen

Bei diesem Spiel führen unsere Augen Schlangenbewegungen aus. Sie müssen dem Wirrwarr von Schlangenlinien folgen und herausfinden, wo gleichfarbige Wollreste oder Fadenstücke liegen.

Um dies zu erreichen, zeichnen wir auf ein genügend großes Blatt Papier mit Filzstiften kreuz und quer Linien. Die Farbe der Linien soll mit den Wollresten, die später auf das Linienwirrwarr gelegt werden, übereinstimmen.

„Wer sieht die Wollfäden auf diesem Untergrund?"

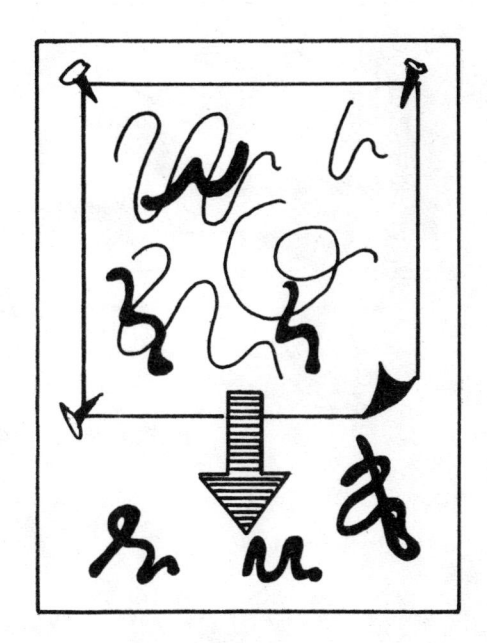

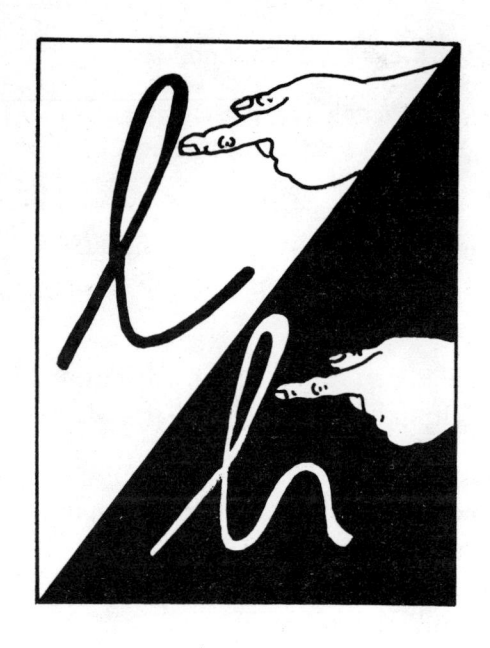

Was hat sich verändert?

Jeder der Mitspieler erhält ein Stück Kordel. Die Kinder setzen sich im Kreis um den Erwachsenen und beobachten genau, was dieser mit seiner Kordel tut. Der Erwachsene legt zunächst ganz einfache Figuren (1, 8, Kreis, Oval, gerade, gekrümmte Linien usw.). Die Kinder erhalten die Aufgabe, die gleiche Figur nachzulegen.

Nach einiger Übungszeit wird die Aufgabe erschwert. Alle Kinder schließen die Augen oder drehen sich um. Derweilen verändert der Erwachsene seine Figur an einer bestimmten Stelle. Die Kinder dürfen wieder schauen. Ein Überlegen und Nachdenken beginnt.

Was wurde verändert? War die Schleife zuvor so oder so?

Variation:
Die Kinder führen an ihrer Figur die gleiche Veränderung aus. Jeweils ein Kind darf in den Kreis treten und den anderen Mitspielern eine Veränderungsaufgabe stellen.

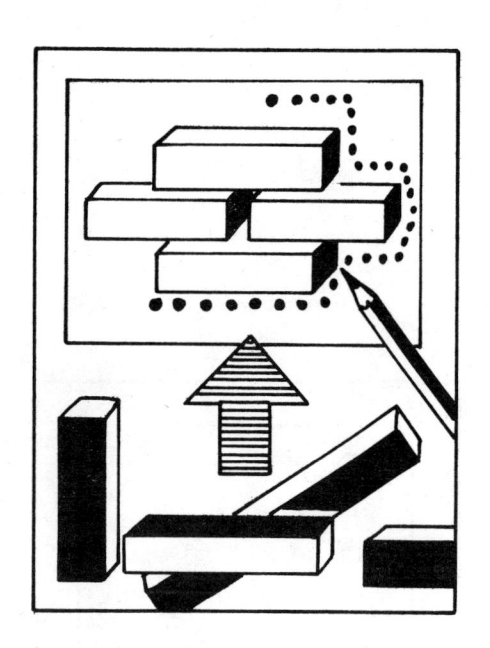

Umrisse auslegen

In fast allen Kinderzimmern wird sogenanntes Legematerial vorhanden sein. Der Erwachsene sucht sich entsprechendes Material heraus, legt einige Klötze auf ein Stück Kartonpapier, arrangiert sie zu einem Gebilde und umfährt die Umrisse mit einem Filzstift.

Nun breitet er vor dem Kind das Legematerial und die Vorlagen aus und zeigt ihm, wie es die Stäbchen oder Klötzchen auf die Vorlage legen kann.

Günstig ist, wenn der Erwachsene zuerst 3–4 Stäbe senkrecht, dann 2–3 waagrecht und erst später die Stäbe in der Art eines Mauerwerkes anordnet. Die Entwicklungslinie geht von der vertikalen Bauweise über die horizontale zur diagonalen. Zwischen den beiden letztgenannten Stufen liegen jedoch noch viele Mischformen, so daß nach dem Beherrschen der horizontalen Bauweise erst beide Formen kombiniert werden, bevor weitergeübt wird.

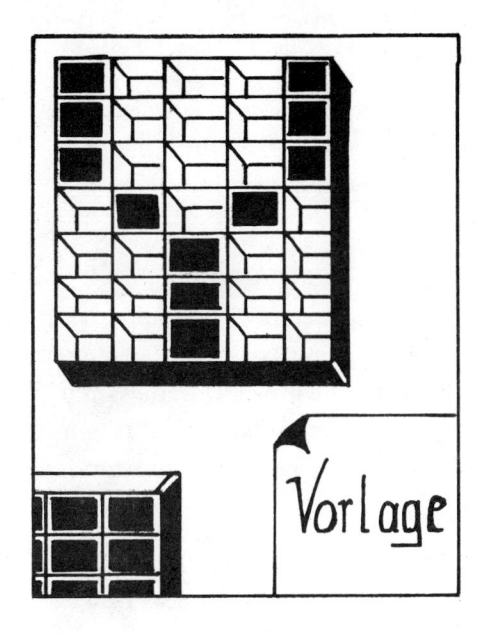

Ornament nachlegen

In den Kindergärten sind verschiedene Steckspiele vorhanden. Für unsere Absicht eignen sich die Gittervorlagebretter am besten.

Wir stecken in dieses Gitterbrett die bunten viereckigen oder runden Klötzchen zu einer charakteristischen Figur und ermuntern die Kinder, in ihrem Steckbrett die gleiche Figur nachzustecken.

Obwohl die Kinder die Zahlen noch nicht kennen und beherrschen, kann der Erwachsene so nebenbei auf das Anzahlige der Figur hinweisen. *„Laß mich einmal nachzählen, ob auf jeder Seite 3 Stecker vorhanden sind! Oh, hier fehlen noch zwei rote Walzen!"*

Die Kinder erahnen, daß Dinge in unterschiedlichen Mächtigkeiten vorhanden sind und daß die jeweilige Mächtigkeit feststell- und mit einem (Zahl)wort ausdrückbar ist.

Memoryspiel zum Selbermachen

Auf dem Spielwarenmarkt befinden sich eine Fülle von pädagogisch wertvollen Memoryspielen. Wir möchten hier jedoch ein Spiel zum Selbermachen anbieten.

Zuerst besorgen wir uns verschiedene Einwickel- oder Geschenkpapiere und betrachten sie sehr aufmerksam. Häufig sind dort einzelne Gegenstände abgebildet. Sagen uns diese Formen nicht zu, gibt es mehrere Möglichkeiten, um zu paarweisen Motiven zu kommen.

a. Wir unfahren Ausstechformen, schneiden sie aus und erhalten immer die gleichen Motive.

b. Aus Katalogen und Werbeschriften suchen wir uns immer zwei Dinge, die paarweise vorhanden sind, heraus.

c) Wir legen mit Kordel die Umrisse einer Figur auf einen Karton, kleben dieselbe fest, bestreichen sie mit Farbe und drucken das Motiv auf zwei verschiedene Karten.

Das Memoryspiel wird nach den hierfür bekannten Spielregeln gespielt.

Puzzle zum Selbermachen

Manche Erwachsene legen ein Puzzle mit 800, ja sogar mit 1500 Teilen. So „groß" möchten wir mit den Kindern nicht einsteigen, aber irgendwann und irgendwie müssen wir ja einmal anfangen.

Wir suchen nach einem nicht zu kleinen Bild eines bekannten und begehrten Gegenstandes, kleben es auf ein Stück Karton und schneiden es vor den Augen des Kindes in zwei Teile (Oberteil–Unterteil). Langsam und erklärend schieben wir die beiden Teile wieder zusammen und weisen eindringlich auf das wieder entstandene ganze Bild hin.

„Schau, was ich mache! Ich schiebe dieses Teil so zu jenem Teil und schon habe ich wieder ein ganzes Bild. Willst du es auch einmal versuchen?"

In der Abbildung ist die Stufenfolge, in der die Bilder zu Puzzles zerschnitten werden können, angegeben.

Klecksographie

Wahrnehmen der Symmetrie kann an den sogenannten Klecksographien in handlungsbezogener und spielerischer Art geübt werden.

Jedes Kind erhält ein weißes DIN A 4 Blatt und einen Becher mit Fingerfarben. Zuerst falten wir das Blatt in der Mitte, glätten es wieder und tupfen auf die eine Seite etwas Farbe. Die andere Seite muß farbfrei bleiben. Jetzt falten wir das Blatt erneut und lassen die Farbe unter leichtem Druck einziehen. Beim Öffnen des Blattes entdecken wir eine symmetrische Figur. Rechts und links werden jeweils die gleichen Farben und Formen zu sehen sein.

Später tauschen die Kinder die Farbtöpfe untereinander aus, so daß die Klecksbilder farbiger und reichhaltiger werden.

Einmal so – einmal so!

Ist ein Ding Figur oder Hintergrund?
Dies läßt sich nur von Fall zu Fall entscheiden und hängt von der Wahrnehmungssituation ab. Wir geben dem Kind Übungsmöglichkeiten.

Zuerst schneiden wir uns in der schon oft beschriebenen Weise Schablonen von bekannten und einfach strukturierten Gegenständen aus.

1) Auf der ersten Bilderserie bleibt der Hintergrund hell oder zumindest einfarbig. Die gegenständliche Abbildung hebt sich klar und deutlich ab. Sie ist Figur.

2) Bei der zweiten Bilderserie werden die Beziehungen umgekehrt. Der Hintergrund ist dunkel, die Abbildung ist hell. Wahrscheinlich wird die Figur als solche auch hier erkannt, aber die Möglichkeit, daß der Hintergrund zur Figur wird, ist zumindest da (vergl. die sog. Kippfiguren).

3. Schließlich können Hintergrund und Figur so konstruiert werden, daß deren Unterscheidung immer schwieriger wird.

Wahrnehmungsbeständigkeit

Unter Wahrnehmungsbeständigkeit ist die geistige Fähigkeit gemeint, Formen, Farben, Größen und andere Merkmale als gleichbleibende wahrzunehmen, auch wenn sich Blickwinkel, Stellung im Raum, Helligkeit u.a. verändern. Im Hinblick auf die Zahlbegriffsbildung und die spätere symbolische Darstellung der Mengen und Zahlen ist das gleichbleibende Wiedererkennen eines dreidimensionalen Gegenstandes in einer zweidimensionalen Darstellung von Bedeutung. Kinder sollen Möglichkeiten erhalten, mit Gegenständen und Materialien umzugehen, sie zusammenzusetzen, wieder auseinanderzunehmen, Stukturen zu erfassen und mit Klötzchen verschiedener Form und Größen zu spielen.

Schatten werfen

Ein Stuhl ist ein dem Kind bekanntes Gebilde. Er hat eine Sitzfläche mit vier rechteckigen Winkeln, alle vier Stuhlbeine sind gleich lang, die Rücklehne ist rechts und links gleich hoch. Alles besitzt eine ausgewogene und harmonische Symmetrie, die das für einen Stuhl charakteristische Element darstellt.

Um jedoch die Wahrnehmung des Kindes zu schulen und um ihm die Veränderbarkeit der Formen zu zeigen, stellen wir einen Stuhl, mit dem wir zuvor umgegangen sind, den wir zuvor benannt haben, in einen dämmerigen Raum und betrahlen ihn einmal von rechts, dann von links, von vorn und schließlich von hinten. Jedesmal wirft er einen anderen Schatten. Die Winkel stimmen nicht mehr, die Längen und Breiten geraten aus dem Lot. Aber jedesmal ist es eine Abbildung des realen Stuhls.

Dinge im Wasser

Im Wasser bricht sich das Licht. Liegen Gegenstände im Wasser, so sind sie aufgrund der Lichtbrechung optisch vom eigentlichen Platz weggerückt. Zum anderen verschwimmen die Konturen, wenn die Wasseroberfläche bewegt wird. Um trotz dieser Phänomene die Dinge im Wasser zu erkennen, führen wir nachfolgend beschriebenes Spiel aus.

In eine genügend große und tiefe Kunststoffschüssel legen wir einige Dinge mit klaren und einfachen Konturen (Scheiben, Walzen, Dreiecke usw.). Die Kinder werden aufgefordert, die Gegenstände und deren Lage genau zu betrachten und dann aus dem Wasser zu holen.

Vorsicht:
Das Wasser muß lauwarm bis warm sein. Die Kinder sollen nicht in eiskaltes Wasser greifen.

Farben in der Dämmerung erkennen

Rot bleibt Rot unabhängig von der Helligkeit. Unser Auge ist auf Helligkeit bei der Wahrnehmung angewiesen. Bei Dämmerlicht verschwimmen die Gegenstände. Wir experimentieren damit ein wenig.

Auf dem Fußboden legen wir Stoffreste oder Buntpapier aus und bestimmen die Farben (Nicht mehr als drei Farben verwenden). Nun verdunkeln wir den Raum mehr und mehr und versuchen immer noch, die Farben (Formen) zu erkennen. Damit der Gewöhnungseffekt die Aufgabe nicht zu sehr vereinfacht, legen wir die betreffenden Stücke immer wieder an eine andere Stelle.

Variation:
Wir legen eine Kordel im Raum aus und balacieren auf ihr entlang. Bei Dämmerlicht wird das richtige Fortbewegen immer schwieriger.

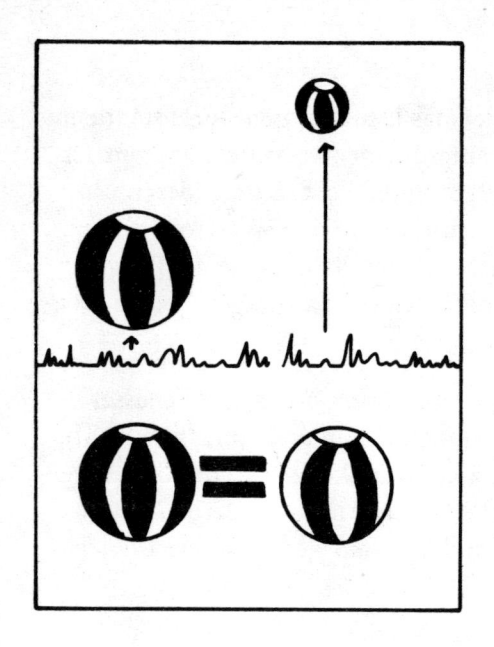

Größe aus Entfernung erkennen

Wenn das Kind verschiedene Bälle in die Hand nimmt und sie betrachtet, wird es von deren Größenverhältnisse unmittelbar angemutet werden. Mit Unterstützung des Erwachsenen erlernt es die sprachlichen Bezeichnungen „klein" und „groß". Es unterscheidet zwischen **großen** und **kleinen** Bällen.

1) In zwei Meter Entfernung liegen ein großer und ein kleiner Ball. Der Erwachsene ermuntert das Kind, ihm den „großen Ball" zu bringen.

2) Wieder liegen zwei oder drei unterschiedlich große Bälle in zwei Meter Entfernung vor dem Kind. Das Kind wird aufgefordert, den „großen" und den „kleinen" zu zeigen, ohne daß es seinen Standort wechselt. Es muß aus der Entfernung drei nebeneinander liegende Bälle hinsichtlich ihrer Größe vergleichen.

3) Der kleinste Ball wird ganz nahe an das Kind gelegt, der größte am weitesten entfernt. Ein unmittelbarer Vergleich ist nun nicht mehr möglich. Das Kind muß die Größe mit der Entfernung in ein Verhältnis setzen. Der kleinere Ball scheint zwar größer zu sein, aber wenn er dahinten neben dem großen liegt, ist er wieder kleiner.

Bei Unsicherheiten wird das Kind die Bälle mehrere Male in die ursprüngliche Ausgangssituation bringen und dann wieder verändern.

Treten Schwierigkeiten bei dieser Art von Übung auf, dann werden einfach die Entfernungen verkleinert. Die Bälle liegen zuerst nur 10 cm voneinander entfernt, dann 20 cm usw.

Das Kind soll bei diesen Wahrnehmungsleistungen lernen, daß ein großer Ball, der einmal als solcher festgestellt wurde, groß bleibt, egal wo er liegt und wie weit er entfernt ist.

Dinge unter der Lupe betrachten

Ein Marienkäfer krabbelt über den Handrücken bis zur Fingerspitze, dort kehrt er um und krabbelt wieder zurück. Das Kind beobachtet sehr aufmerksam und nicht ohne Verwunderung das krabbelnde Etwas.

Haben wir eine Lupe zur Hand, werden wir mit dem Kind gemeinsam den Marienkäfer unter dem Vergrößerungsglas betrachten. Plötzlich erhält der Käfer andere Dimensionen.

1) Das Kind erlebt, daß etwas vergrößert werden kann.

2) Das Kind erkennt durch die Vergrößerung zuvor nicht gesehene oder beachtete Details.

3) Das Kind erahnt etwas von der Relativität der Größen. Es kommt immer darauf an, in welchen Bezug etwas gesetzt wird.

In ähnlicher Weise können Steine, Mineralien, Stoffreste, Blumen, Blätter usw. unter der Lupe betrachtet werden.

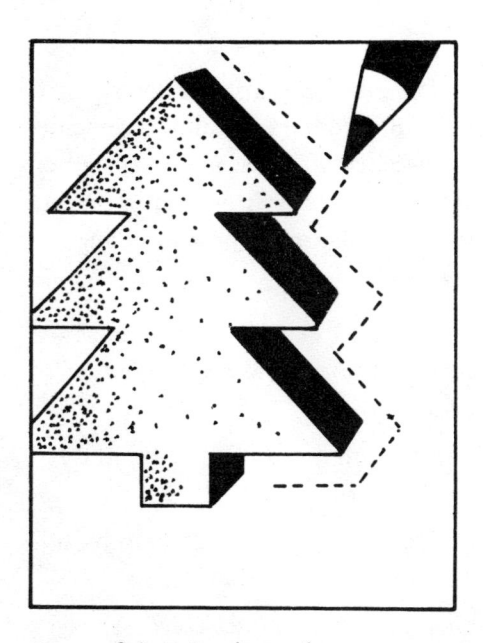

Abbildungen

Ein Holzbäumchen steht vor dem Kind. Es nimmt das Bäumchen in die Hand, stellt es auf, schiebt es hin und her und legt es um. Das Bäumchen hat eine Höhe, eine Breite und eine Tiefe; es besitzt für es Umgangsqualitäten und es ruft beim Umgehen verschiedene Greif- und Wahrnehmungsqualitäten hervor.

Dieses so erfahrene Ding kann in seiner Realgröße auch in eine zweidimensionale Form gebracht werden. Wir legen das Bäumchen auf ein Zeichenpapier und umfahren gemeinsam mit dem Kind die Umrisse.

"Paß auf! Jetzt nehmen wir das Bäumchen weg und — ... Schau, was ist das? Auch ein Bäumchen. Richtig! Das ist ein Bäumchen und das ist ein Bäumchen."

Das auf dem Papier wahrgenommene Bäumchen gleicht zwar dem Realgegenstand, hat aber ganz andere Umgangsqualitäten. Die Umrisse können nachgefahren, die Fläche ausgemalt, die Gestalt ausgeschnitten, ausgerissen und aufgeklebt werden. Standfestigkeit besitzt es nicht.

Das, was dem Erwachsenen als selbstverständlich erscheint, muß vom Kind Zug um Zug gelernt werden.

Umrißsicht

Jeder Gegenstand hat charakteristische Umrisse. Der Ball ist rund, der Würfel viereckig. Wir zeichnen gemeinsam mit dem Kind die Umrisse der Dinge durch Umfahren derselben auf einem großen Stück Packpapier.

Dann verteilen wir die realen Gegenstände um diese Schautafel in der Zimmermitte und fordern das Kind auf, z.B. den „Ball" zum „Ball" zu legen.

Die Leistung des Kindes besteht in folgenden Bereichen:
a) Verbinden des Begriffs (Wort) mit dem Realgegenstand
b) Verstehen des Arbeitsauftrags
c) Wahrnehmungsmäßiges Gleichsetzen der Umrißform mit dem Original

Variation:
Anfertigen von „Schattenbildern" der Familienmitglieder.

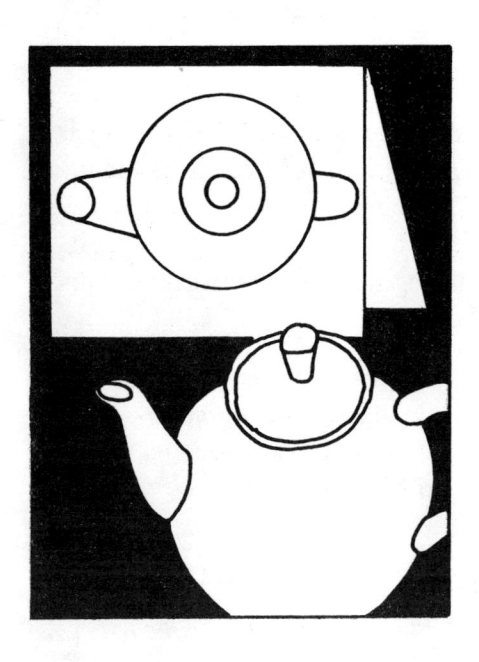

Draufsicht

Die Wahrnehmungsgestalt eines Gegenstandes verändert sich je nach Position des Betrachters. Wenn wir verschiedene Dinge von oben anstelle von vorn oder von der Seite anschauen, kann das gewohnte Wahrnehmungsbild so abweichen, daß wir Schwierigkeiten haben, das Ding überhaupt noch zu erkennen.

1) Wir stellen bekannte und oft gebrauchte Gegenstände in die Mitte des Tisches und setzen uns seitlich, rückwärts und frontal davor.

2) Wir laufen ganz langsam um den Tisch herum und behalten den Gegenstand immer im Auge.

3) Wir stellen uns auf den Stuhl oder auf den Tisch und schauen uns den Gegenstand von oben an.

4) Wir fertigen uns eine „Draufsicht" des Gegenstandes an (s. Abb.) und lassen sie dem betreffenden Original zuordnen.

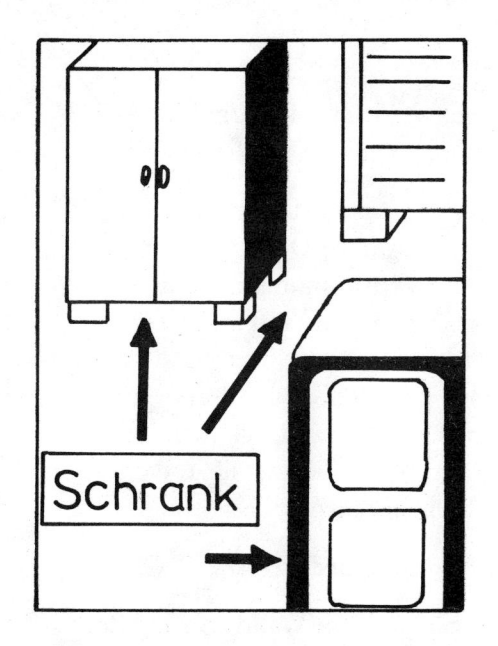

Schrank bleibt Schrank

Unsere Spielabsicht ist, daß das einmal Wahrgenommene und mit einem Begriff Belegte gleich bleibt. Das hat zur Voraussetzung, daß das allen Dingen Gemeinsame gesehen und auf alle weiteren Dinge derselben Kategorie übertragen werden kann. Ein Schrank ist ein Schrank, egal ob er groß oder klein, zwei oder drei Türen hat, ob Schnörkel vorhanden sind oder nicht. Die Psychologen nennen dieses Phänomen „Generalisation".

Wir schauen uns verschiedene Kataloge an, suchen alle Schränke heraus, schneiden sie aus und kleben sie auf Kartonkarten.
Zu einem späteren Zeitpunkt vermischen wir diese Karten mit anderen und ermuntern das Kind, die Bildkarten zu sortieren.

„Hier kommen alle Schränke hin und hier alle Tische!"

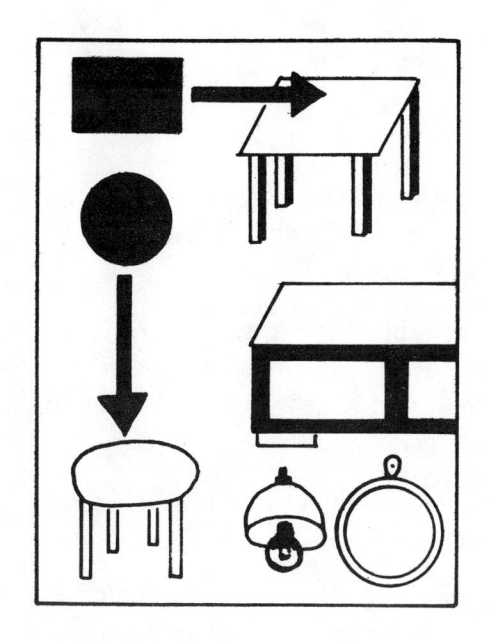

Formen im Zimmer

Im häuslichen Umkreis des Kindes treten immer wieder gleiche Grundformen wie „rund, viereckig, dreieckig" auf. Bisher wurden diese Gegenstände vom Kind aus fast ausschließlich unter dem Gesichtspunkt der Handlungs- und Umgangsqualitäten gesehen. Der Ball ist weich; er rollt weg, wenn ich ihn fallen lasse; die Mutter bringt ihn mir zurück. Fällt er vom Tisch herunter, springt er wieder etwas in die Höhe usw.

Jetzt versuchen wir, das Rundsein der Dinge stärker in dem Wahrnehmungsbewußtsein des Kindes zu verankern.

„Wir fahren mit der Hand um den Ball. Der Ball ist rund.
Wir fahren mit der Hand um die Dose. Die Dose ist rund.
Wir fahren mit der Hand um den Spiegel. Der Spiegel ist rund.
Wir suchen noch mehr Dinge, die rund sind!
WAS IST ALLES RUND?"

Wahrnehmung der Positionen und Beziehungen

Unter Wahrnehmung der räumlichen Positionen ist die Fähigkeit gemeint, die räumliche Anordnung der Objekte zu sich selbst und zu anderen Dingen wahrzunehmen und wiederzugeben.

Die Wahrnehmung der räumlichen Stellung eines Gegenstandes ist Voraussetzung für die begriffliche Erfassung des Raumes. Das Kind erkennt zunächst die Stellung eines Objektes im Raum nur in Bezug auf sich selbst und auch nur dann, wenn es die räumliche Position durch handelnden Umgang, d.h. durch Bewegung erfahren hat. Zu einem entfernteren Gegenstand muß es länger krabbeln oder gehen, d.h. sein Krafteinsatz ist größer, die Zeitdauer ist ausgedehnter, die Krabbel- oder Geheinheiten sind umfänglicher, als wenn es sich auf einen unmittelbar vor ihm liegenden Gegenstand zubewegt. Das „Hinten" und „Vorn" wird über mehr SINNE, durch mehr „KÖRPERORGANE" erfahren als nur über die Augen. Wenn der Ball „hinten" liegt, dann kann das „erfahrene" Kind den räumlichen Hinweis mit Selbsterfahrenem füllen.

Diese Bemerkung hat für bewegungsgestörte Kinder eine noch größere Bedeutung.

Die Fähigkeit zum Erfassen von Beziehungen entwickelt sich später als die Wahrnehmung der eigenen und der fremden Position im Raum. Da sich die Beziehung der Dinge zueinander beschreiben läßt, treten an diese Stelle vermehrt die Umstands- und Verhältniswörter auf. Bei einem Arrangement kann etwas fehlen, das zuvor noch vorhanden war, ein Gegenstand kann **auf** einem anderen liegen, kann **durch** etwas anderes hindurchgezogen werden. Das Erkennen und das Erfassen der Beziehungen kommt dadurch zustande, daß beide Gegenstände, Dinge, Ereignisse usw. aufeinander bezogen werden. Ein Ball kann nicht **auf** einem Tisch liegen, wenn dieser gar nicht im Wahrnehmungsfeld existent ist. Das gemeinsame Sehen zweier Komponenten ist die neue geistige Leistung.

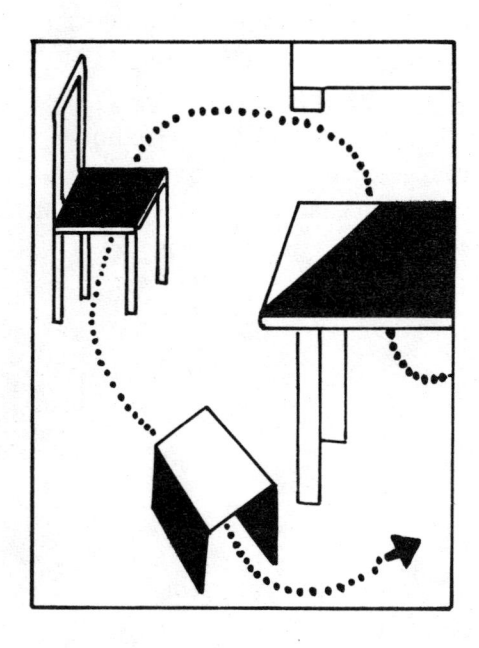

Hindernislauf

Welches Kind hat nicht Freude an der Bewegung? Zumal wenn die Erwachsenen mit von der Partie sind oder das Spiel durch ihre Anwesenheit begleiten.

Im Zimmer wird eine Krabbelbahn festgelegt. Der Erwachse krabbelt unter dem Tisch hindurch, zwängt sich zwischen die Stuhlbeine und schiebt sich hinter dem Sofa entlang.

Jetzt ist das Kind an der Reihe. Der Erwachsene begleitet sein Tun mit Sprache.

„Ah, jetzt krabbelt der Peter unter den Tisch. Hallo Peter, wo bist du? Ja, unter dem Tisch! Es geht weiter mit der Krabbelei. Peter ist hinter dem Sofa."

Zu einem späteren Zeitpunkt, wenn das Kind die Raumpositionen schon mit Begriffen verbinden kann, steuert der Erwachsene das Tun des Kindes nur mit Worten. *„Peter krabble um den Papierkorb herum!"*

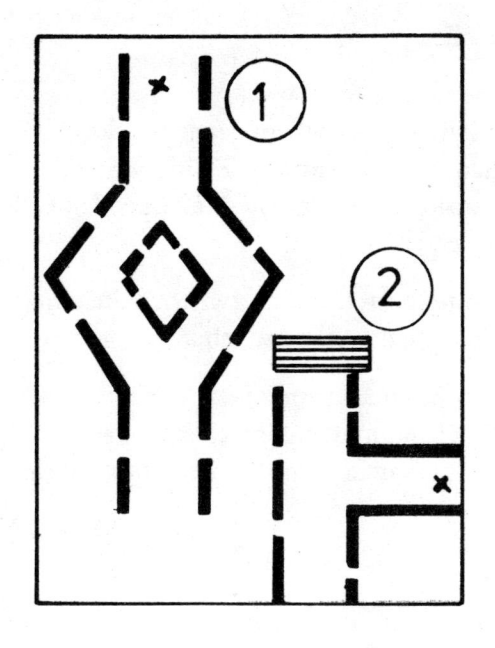

Krabbelbahnen

Das Kind soll den Raum experimentell erfahren. Es soll eigene Wege erkunden, soll sich seinen Nahraum erobern. Dabei wird es sich räumliche Orientierungsmarken setzen und daran sein Orientierungsvermögen schulen. Wir fördern diese Tätigkeit.

Im Raum werden Kissen, Decken, Rollen, Matratzen usw. so ausgelegt, daß sie eine „Bewegungsbahn" rechts und links begrenzen. In der Mitte bauen wir eine „Insel" ein. Das Kind kann sich rechts oder links darum herum bewegen. Beide Wege führen zum gleichen Ziel. Ein andermal bauen wir eine Sackgasse und wieder später Irrwege ein.

Sind die Kinder älter, werden wir uns natürlich nicht mehr krabbelnd auf dem Fußboden fortbewegen, sondern gehend und laufend oder kriechend. Diese Übungsspiele finden ihren Höhepunkt im Durchqueren eines Labyrinths.

Schleifenkreuzung

Kinder in frühen Entwicklungsstadien sehen noch keine Überkreuzungen. Der unten liegende Teil einer Seilüberkreuzung ist für sie noch nicht genug „Figur". Dies können wir am besten feststellen, wenn wir mit einem Seil die nebenstehende Figur legen und das Kind ermuntern, bis zum Seilende **auf** dem Seil zu balancieren.
Es wird bis zu einem bestimmten Entwicklungsalter den kürzesten Weg wählen, obwohl das untere Seil an der Kreuzungsstelle das Ausbalancieren der Schleife verlangt.

Zur Einübung dieser Wahrnehmungsfähigkeit darf das Kind das Seil selbst auf die Erde legen. Zuerst ohne Schleifen, dann mit einer und später mit mehreren Überkreuzungen.

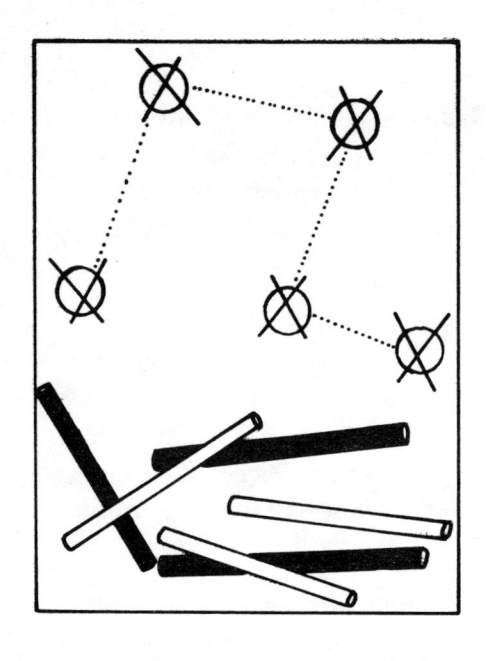

Verbindungen herstellen

Der Erwachsene bereitet das Spiel vor.
1) Er sucht für den Anfang 50–60 cm lange Stöcke und markiert im gleichen Abstand auf dem Fußboden Stellen, die nach dem Auslegen mit den Stöcken irgendeine überschaubare Figur ergeben.

Die Aufgabe des Kindes besteht darin, zwischen die einzelnen markierten Stellen die Stäbe zu leben.

2) Zu einem späteren Zeitpunkt sind die Stäbe nicht mehr gleich lang. Das Kind muß entsprechend lange oder kurze Stöcke heraussuchen und an die richtige Stelle legen.

3) Die gleichen Wahrnehmungsspiele können auch auf Papier übertragen werden. Wobei natürlich alle Maße verkleinert werden müssen.
Doch soll hier gleich sehr eindringlich darauf hingewiesen werden, daß das Kind sein Wissen und Können nicht durch den Umgang mit Papier und Bleistift erwerben darf. Zuerst kommt immer die Realerfahrung und erst viel später kann das so erworbene Wissen durch das Bearbeiten von sogenannten „Arbeitsblättern" gefestigt werden.

Aufräumen

Die alltäglichen Handlungsvollzüge bieten eine Fülle von Möglichkeiten, sich mit den räumlichen Phänomenen auseinanderzusetzen.

Das Kind darf der Mutter beim Einräumen des Vorrats- bzw. Küchenschrankes helfen. Dabei müssen bestimmte Regeln beachtet werden.

1) Alle Dosen kommen ganz **hinten** hin.
2) Die Flaschen stellen wir in das **unterste** Fach. Dabei sollen sie so stehen, daß das Etikett immer nach vorn zeigt.
3) Die abgepackten Lebensmittel werden nicht **übereinander** gestapelt usw.

Desgleichen soll beim Aufräumen der Spielsachen ein gewisser Ordnungsrahmen eingehalten werden:
In das oberste Regal kommen alle Spiele.
In das mittlere Regal legen wir alle Bälle, Autos usw.
In das unterste Regal kommen die Schachteln und Kästen mit den Bausteinen.

Wo sind die Spielsachen?

Zu einer ordentlichen Erziehung gehört, daß die Spielsachen nach dem Spielen auch wieder aufgeräumt werden. Hierbei erfährt das Kind so nebenbei, daß die Autos **in** die Schachtel, die Bälle **auf** den Schrank und die Bauklötzchen **unter** das Regal geschoben werden. Auch wenn das Kind die entsprechenden Tätigkeiten noch nicht oder noch nicht so exakt wie gewünscht ausführen kann, wird der Erwachsene sein Tun immer mit Sprache begleiten.

„Ach ja, hier liegen noch die Bälle. Diese legen wir auf den Schrank! Schau! Auf den Schrank!"

Zu einem späteren Zeitpunkt gestalten wir um die Ortsbezeichnungen herum ein Spiel.

Der Erwachsene sucht drei bekannte Spielsachen zusammen, bittet das Kind, sich umzudrehen und verteilt die Dinge gut sichtbar im Raum.

Nun dreht sich das Kind wieder dem Erwachsenen zu und schaut, wo die Dinge liegen oder stehen. Zur weiteren Motivation des Spielverlaufs, dreht sich der Erwachsene um und das Kind verteilt die Gegenstände.

Was fehlt? (Kimspiele)

Das Ziel aller Kimspiele ist die Gedächtnisschulung. Das Kind soll sich die räumliche Position einer bestimmten Anzahl von Dingen einprägen und eine mögliche Veränderung zeigen oder benennen können.

Beispiel:
„Hier liegen ein Ball, eine Zahnbürste und eine Brille. Schau genau hin. Noch einmal. Da liegt die Brille! Da der Ball und da die Zahnbürste! Nun schließe deine Augen für einen kurzen Moment. — Öffne die Augen wieder. Schau, was hat sich verändert?"

Möglichkeiten:
a) Ein Gegenstand wird entfernt,
b) ein Gegenstand wird durch einen anderen ersetzt,
c) die Positionen der Gegenstände zueinander werden verändert.

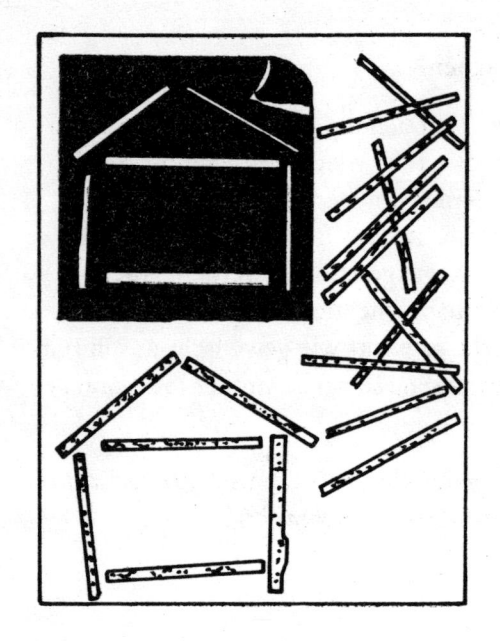

Figuren nachlegen

Im Kindergartenbereich gibt es viele Spiele, bei denen die Kinder eine Figur mit entsprechendem Legematerial nachlegen sollen.

a) Die Stäbchen usw. werden auf die Vorlage gelegt.

b) Die Stäbchen werden neben der Vorlage zu deckungsgleichen Figuren gelegt.

c) Die Vorlage wird eine zeitlang gezeigt. Das Kind soll sich dieselbe einprägen und dann aus dem Gedächtnis nachlegen.

d) Das Legematerial ist mit den Maßen der Vorlage nicht mehr identisch. Das Kind muß die Figur in einen anderen Maßstab übertragen.

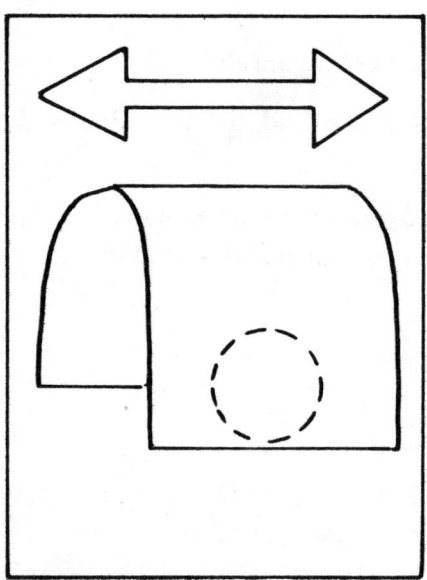

Durch das Tunnel ziehen

Wenn ein Gegenstand durch etwas hindurch oder hinter etwas entlang gezogen wird, entweicht er für eine geraume Zeit dem Blick des Kindes.

1) Im ersten Entwicklungsstadium schaut das Kind auf die Stelle, wo es den Gegenstand zum letztenmal sah.

2) Im zweiten Stadium richtet es sein Augenmerk sehr gespannt und intensiv auf den Ort, wo der Gegenstand wahrscheinlich wieder erscheinen wird.

3) Im letzten Stadium erlernt es den Begriff „durch", indem es selbst Dinge **durch** einen Tunnel zieht oder indem es selbst durch etwas hindurch krabbelt.

Gleich und ungleich aussehen

Wie weit ist die Wahrnehmungsfähigkeit beim Kind schon ausdifferenziert? Kann es bei fast ähnlichen Gegenständen den Unterschied feststellen?

Wir beginnen mit groben und augenscheinlich erkennbaren Unterschieden (großes – kleines Auto). Die Unterschiede werden immer feiner und bedürfen für die Wahrnehmung schon einer gewissen Konzentration. *„Schau, da sind zwei Puppen! Sind die Puppen gleich? Nein! Diese Puppe hat Schuhe an. Die andere Puppe hat keine Schuhe an!"*

Hin und wieder sollen identische Gegenstände in das Wahrnehmungsspiel eingeflochten werden, damit auch die Möglichkeit der Gleichheit der Dinge wahrgenommen werden kann.

Material: Lotto- oder Memorykarten, Teile von Quartettspielen

In der Mitte liegen!

Was liegt innen? Das, was wir innen hineinlegen!

Zu diesem Zweck legen wir ein Seil auf den Teppichboden und formen es zu einem kreisähnlichen Gebilde mit einer Öffnung nach außen. Dann beschaffen wir uns einige Spielsachen und legen sie außen um das Gebilde herum. Ist das Kind auf unser Tun konzentriert, fahren wir mit dem Spielauto um den Kreis herum und sagen:

„Ich fahre mit dem Auto um den Kreis. Ich fahre außen herum. Jetzt fahre ich in den Kreis. Ich fahre innen im Kreis. Das Auto bleibt stehen. Es steht innen im Kreis. Der Bär sitzt noch außen. Er sitzt nicht innen im Kreis . . . . ."

Was liegt innen? — Was liegt außen?

Selbst im Mittelpunkt zu stehen ist ein psychologisches Problem und dem Kind gefühlsmäßig durchaus nicht unbekannt. Weiß es aber auch, daß Dinge in der Mitte oder mehr am Rand liegen können?

Bevor wir mit dem Spiel beginnen, müssen wir einen umgrenzten Raum mit einem möglichen Mittelpunkt schaffen. Wir legen einen Gymnastikreifen auf den Fußboden und einige Bälle daneben.

„Ich beginne. Ich lege den Ball in die Mitte. Wer legt auch einen Ball in die Mitte? Gut gemacht! Hier liegt noch ein Reifen! Wer stellt sich genau in die Mitte?"

Die beiden Spiele, bei denen die Begriffsbildung „in der Mitte" und „innen" im Vordergrund stehen, sollten zeitlich nicht zu nahe beieinander liegen. Erst sollte der eine Begriff gefestigt sein, bevor der andere erlernt wird.

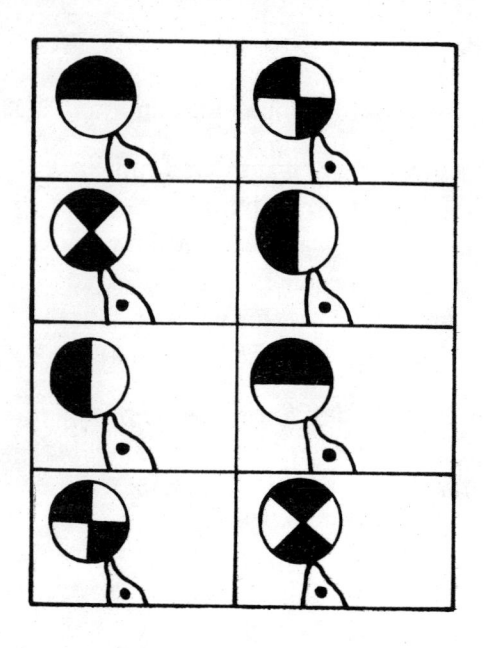

Welche Bälle sind gleich?

Im Vorschulangebot und den schulvorbereitenden Materialien der Kindergärten werden häufig Wahrnehmungsspiele, bei denen gleiche Figuren gefunden werden sollen, angeboten. Wir greifen darauf zurück oder stellen uns, soweit wir dazu Zeit und Lust haben, selber solch ein Spiel her. Mit Hilfe eines Deckels oder Schraubverschlusses zeichnen wir in ein zweireihiges Gitterfeld Kreise. Diese gestalten wir so aus, daß immer zwei oder drei hinsichtlich der Farbe oder Binnenstruktur gleich sind (s.Abb.).

Wir zeigen dem Kind die Bildtafel und ermuntern es, uns die Bälle usw. zu zeigen, die gleich aussehen.

Zur besseren Einstimmung und Motivation werden wir natürlich eine Geschichte erfinden, in der zwei gleiche Bälle gefunden werden müssen.

Stimmt das?

Kinder lieben Quatsch. Erkennen sie ihn aber auch?

Wir fertigen uns eine Schautafel an, in der ein oder zwei charakteristische Dinge eines Gegenstandes so verdreht und absurd dargestellt sind, daß dessen Funktionsfähigkeit zumindest eingeschränkt ist.

Beispiel:

Wir nehmen ein Auto in die Hand und fahren damit demonstrativ auf dem Tisch hin und her. Bei unserem begleitenden Sprechen betonen wir das „Fahren" des Autos absichtlich. Dann zeigen wir auf die Abbildung und beginnen zu lachen. Lacht das Kind mit, sagen wir: „Das ist aber komisch. *Hast du so etwas schon gesehen? Das stimmt doch nicht! Da ist doch etwas falsch! Was stimmt denn nicht?"* Braucht das Kind noch mehr HIlfe, zeigen wir auf die abgebildeten Füße anstelle der Räder und trippeln mit den Fingern über den Tisch. *„Hat das Auto Beine?"*

Akustische Wahrnehmung

Das logisch-begriffliche Denken, das wir auch Verstand oder „intelligentes Denken" nennen, ist im Grunde mit den der Wahrnehmung innewohnenden Ordnungsfaktoren identisch, so daß die auf dem Gebiet der Wahrnehmung gefundenen und erlernten Gesetze, Einsichten und Strukturen sich auch im „intelligenten" Verhalten niederschlagen.

Bei den Hilfen, die wir dem entwicklungsgestörten Kind bei der Entwicklung seiner vormathematischen und mathematischen Fähigkeiten anbieten, sollen daher so wichtige Wahrnehmungsbereiche wie das akustische Unterscheidungsvermögen nicht ausgespart sein. Das Ausbilden und das Verfeinern des Differenzierungsvermögens in einem Bereich stützt und beeinflußt den gleichen Prozeß in anderen Wahrnehmungssektoren.

Weckergerassel oder Mundharmonika?

Dem Kind werden zwei Geräusche, die hinsichtlich ihrer Klangfarbe und ihrer Lautstärke sehr weit auseinander liegen, angeboten. So nehmen wir z.B. einen Wecker und eine Mundharmonika. Beide Geräuschquellen sollen dem Kind schon bekannt sein.

Wir ziehen im Beisein des Kindes den Wecker auf und lassen ihn mit sichtlichem Ausdruck von Freude rasseln. Das Kind darf das Läutwerk anhalten und wieder in Gang setzen. Ähnlich verfahren wir mit der Mundharmonika. Das Kind soll mit den Geräuschdingen umgehen, es soll zwischen sich und der Geräuschquelle einen Bezug, der auf Handlungserfahrung gründet, herstellen.

Nun wird das Unterscheidungsspiel geprobt. Der Erwachsene läßt den Wecker rasseln, macht ein erstauntes Gesicht und deutet auf den Wecker. Er bezieht das Kind in die hinweisende Gebärde mit ein.

Bei der zweiten Runde soll sich das Kind umdrehen, genau hinhören und dann auf die entsprechende Geräuschequelle deuten.

„Wer läutet? Der Wecker oder die Mundharmonika?"

Was fällt auf den Boden?

Jeder Gegenstand, der auf den Boden fällt, verursacht ein ganz charakteristisches Geräusch. Ein weicher Gummiball wird mit seinen dumpferen Fallgeräuschen anders klingen als eine herunterfallende Blechdose mit ihrem grellen, hochtonigen Klang.

Kinder werfen gerne Dinge vom Tisch, weil durch einen minimalen Aufwand ein großer Effekt erzielt wird. Die Dose fällt, verursacht Lärm, springt möglicherweise einige Male auf und nieder und rollt schließlich weg. Und das alles aufgrund eines kleinen Schupses. Wir binden dieses freudige Tun des Kindes in ein Spiel ein.

Auf dem Tisch liegen einige Gegenstände, die dem Kind wohl vertraut sind. Nach einiger Zeit des Hantierens und des Experimentierens lassen wir die Dinge vom Tisch fallen und machen durch Mimik und Gestik (erstaunte Haltung, auf die Ohren deuten usw.) auf die entstehenden Geräusche aufmerksam. Später schließen die Kinder die Augen und sagen aufgrund des Höreindrucks, welcher Gegenstand gerade vom Tisch gefallen ist.

Worauf wird geklopft?

Geräusche erzeugen, Krach machen sind in einem bestimmten Entwicklungsalter ein beliebtes Spielverhalten der Kinder. Wahrscheinlich erleben sie sich dadurch als Verursacher einer deutlich wahrnehmbaren, d.h. einer von den anderen nicht überhörbaren Handlung.

Auf dem Tisch stehen unterschiedliche Dinge, bei denen durch eine irgendwie geartete Manipulation Geräusche erzeugt werden können:

Blechdose und Holzstöckchen,
Plastikbecher und Kaffeelöffel,
Holzklötzchen,
Kindertrommel und Schlegel usw.

Zuerst klopfen wir in ungeordneter Reihenfolge nur so zum Vergnügen einmal auf diesen, dann auf jenen Gegenstand. Dann machen wir auf das so entstandene Geräusch aufmerksam und lassen schließlich das Kind raten, auf welchen Gegenstand geklopft wurde. Die Rollen können vertauscht werden. Das Kind klopft und der Erwachsene bestimmt die Geräuschquelle.

Topfschlagen

In die Reihe der akustischen Unterscheidungsspiele gehört auch das bei Festen und Feiern so beliebte „Topfschlagen".

Alle Mitspieler sitzen in Kreisform auf dem Boden. Einem Kind, das sich freiwillig meldet, werden die Augen verbunden. Es erhält den Auftrag, den sich irgendwo im Kreis befindlichen Topf krabbelnd und schlagend zu orten. Wenn zuvor vereinbart, können die Mitspieler den Sucher durch Zurufe in die Irre leiten oder ihn in die richtige Richtung lenken. Ist der Topf gefunden, erhält der Sucher ein Lob oder einen Preis.

Um das akustische Unterscheidungsvermögen noch stärker in das Spiel mit einzubeziehen, können gleichzeitig ein Karton und ein Topf aufgestellt werden. Gewonnen hat der Sucher erst dann, wenn er den Topf mit dem Kochlöffel berührt hat. Das jeweils anders geartete akustische Phänomen zeigt den Erfolg des Suchens an.

Ecken raten

Eine Schallquelle kann aufgrund des je eigenen charakteristischen Klanges erkannt und benannt werden. Es kann aber auch festgestellt werden, aus welcher Richtung das Geräusch kommt. Hierzu bietet sich das Gruppenspiel „Ecken raten" besonders an.

In jeder Ecke des Zimmers sitzt ein Kind. Derjenige, der die Richtung, aus der das Geräusch kommt, heraushören soll, kauert in der Zimmermitte und hält sich die Augen zu.

Ist alles mucksmäuschenstill und sind alle auf das Spiel konzentriert, ruft ein Mitspieler aus der Ecke einen Laut in den Raum. Der Rater soll erraten, aus welcher Ecke gerufen wurde. Er deutet mit der Hand in die entsprechende Richtung. Hat er die Richtung oder den Rufer erkannt, wird er abgelöst.

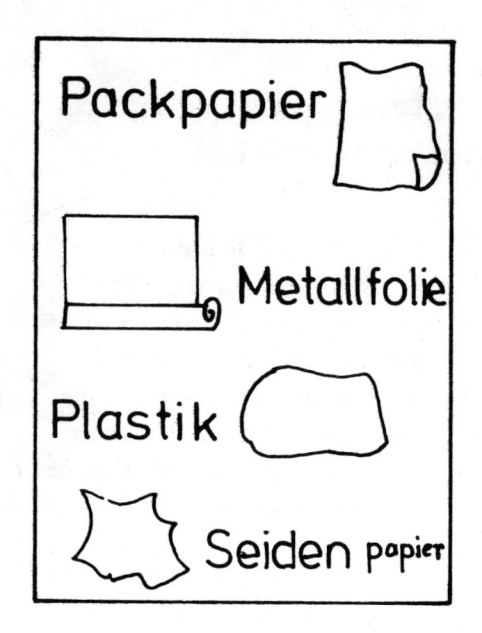

Was raschelt?

Die Welt der Geräusche und Klänge erleben bedeutet, daß das akustische Unterscheidungsvermögen angebahnt und trainiert und daß der entsprechende sprachliche Ausdruck dem jeweiligen Hörphänomen zugeordnet werden muß.

Im Alltag des Kindes bieten sich eine Fülle von Unterscheidungsspielen an, ohne daß dahinter immer gleich ein „Programm" oder eine Absicht stecken muß. In jeder Spielhandlung werden Funktionen geschult.

Nach dem Einkaufen bleiben verschiedene Verpackungsmaterialien übrig. Hier liegt ein Stück Seidenpapier, dort ein Stück Packpapier, vielleicht findet sich sogar ein Rest einer Metallfolie.

Nacheinander nehmen wir die Materialien in die Hand, zerknüllen und zerreißen sie und machen dabei auf die jeweils anders gearteten akustischen Eindrücke aufmerksam.

Nachahmung

Die Fähigkeit und der Wille zur Nachahmung sind für den Entwicklungsprozeß eine wesentliche Voraussetzung. Dadurch, daß das Kind etwas nachahmen kann, erspart es sich den langen Weg des Selbstfindens, des Lernens nach Versuch–und–Irrtum. Das Nachahmenkönnen ermöglicht ihm die Übernahme des Kulturgutes überhaupt.

Der Erwachsene rollt beispielsweise mit der flachen Hand eine Knetwurst aus, das Kind schaut zu und verspürt den Drang, es dem Erwachsenen nachzumachen. Das Kind sieht und hört, wie der Erwachsene in einem bestimmten Rhythmus auf eine Plastikschüssel klopft. Es läßt den Rhythmus auf sich wirken und ahmt noch unter dieser Wirkung stehend, das Vorgegebene nach. Das, was im Kind geschieht, was es zur Nachahmung treibt, läßt sich mit Worten nur halb wiedergeben. Jedenfalls ist es eine sinnvolle, zeit- und kraftsparende Methode, die nachhaltig gefördert werden sollte.

Wer will fleißige Handwerker seh'n?

Die Kinder sitzen im Kreis. Der Spielleiter stellt sich in die Mitte und führt die entsprechende typische Bewegung des Handwerkers aus. Die Mitspieler ahmen die Bewegung nach.

Text:

Wer will fleißige Handwerker sehn, der muß zu uns Kindern geh'n.
1. Poch, poch, poch, der Schuster flickt im Schuh das Loch.
2. Stich, stich, stich, der Schneider näht ein Kleid für mich.
3. Zisch, zisch, zisch, der Schreiner hobelt glatt den Tisch.
4. Tauche ein, tauche ein, der Maler macht die Wände fein.
5. Seht wie fein, seht wie fein, der Glaser setzt die Scheiben ein.
6. Stein auf Stein, Stein auf Stein, das Häuschen wird bald fertig sein.
7. Pink, pank, pink, der Schmied beschlägt das Rößlein flink.
8. Rum, rum, rum, der Schlosser dreht den Schlüssel um.
9. Schornsteinfeger auf dem Haus, kehrt uns schnell den Schornstein aus.
10. Bum, bum, bum, der Förster schlägt den Baum jetzt um.

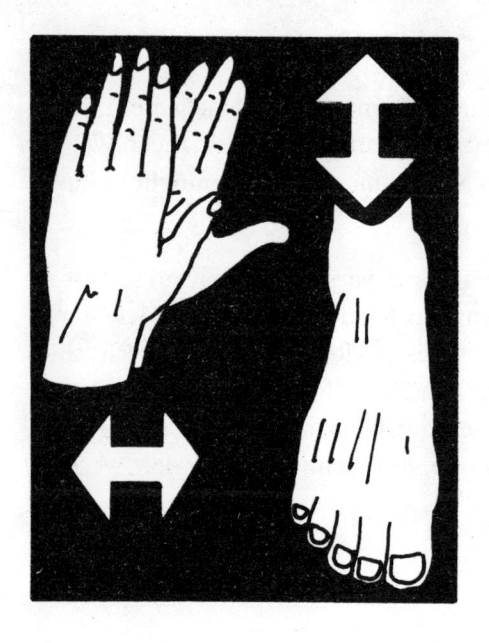

Stampfen–klatschen

Die Kinder stehen im Kreis, hören den Reim und bewegen sich nachahmend frei im Raum.

„Bauernpferde, Bauernpferde,
große, schwere Bauernpferde,
Bauernpferde steh'n jetzt still!
Kutschenpferde, Kutschenpferde,
kleine, feine Kutschenpferde,
Kutschenpferde steh'n jetzt still!"

Variation:

1) Beim Sprechen des Verses über die Bauernpferde stampfen die Kinder fest und laut durch den Raum. Beim Sprechen des Verses über die Kutschenpferde klatschen die Kinder in die Hände.

2) Ein Kind darf sich wünschen, welche „Pferde" gespielt werden.

3) Ein Kind spielt ein Pferd und die anderen begleiten die Bewegung mit Klatschen und Stampfen auf der Stelle.

Welches Tier wohnt hier?

Die Kinder stehen in einer Reihe an der Wand. An der gegenüberliegenden Wand sind auf einem Kasten Tierfiguren aufgemalt.

Der Spielleiter erklärt das Spiel:

„Dort drüben wohnen ein Hase, eine Ente, ein Frosch usw. Wir besuchen die Tiere der Reihe nach. Jedesmal wenn wir ein Tier besuchen, müssen wir uns so wie das Tier bewegen. Wir hoppeln also zum Hasen, hüpfen zum Frosch und watscheln zur Ente. Aufgepaßt! Wer möchte einmal zur Ente watscheln? Die anderen watscheln dann hinterher!"

Variation:
Es werden nicht die charakteristischen Bewegungen der Tiere, sondern deren Stimmen und Rufe nachgeahmt. Während sich die Kinder auf den Frosch zubewegen, quaken sie dementsprechend.

> Alle hier beschriebenen Spiele sind als Auswahl gedacht. Jeder sucht die Spiele aus, die der Entwicklungsstufe des Kindes entsprechen und die dessen Interesse finden.

EIGENSCHAFTEN und STRUKTUREN

Gruppenbildung:

Bilden von Gruppen nach einem gemeinsamen Qualitätsmerkmal

Kindern kann man zwar das Aufsagen von Zahlwörtern beibringen, doch ist dagegen das Zahlenverständnis etwas, was sie selbst aus ihren eigenen Erfahrungen heraus entwickeln muß. Eine Zahl ist ein logischer Begriff, der sich aus dem Zusammenwirken zweier geistiger Fähigkeiten aufbaut:

- der Gruppenbildung
- der Reihenbildung

Gruppenbildung

Gruppenbildung erfordert die Fähigkeit, Ähnlichkeiten und Verschiedenheiten bei Gegenständen zu erkennen und das so Erkannte entsprechend anwenden zu können. Sie ist eine natürliche Folge aus den Versuchen der Kinder, die Welt um sich herum zu erfassen. Es ist das Mittel, durch das die Dinge der Welt geordnet werden.

Als geistige Fähigkeit ist die „Gruppenbildung" die Grundvoraussetzung für bestimmte Arten des Lernens. Die Wissenschaft hat herausgefunden, daß sich diese intellektuelle Fähigkeit in drei Phasen beim Kind entwickelt.

1. Phase:
Wenn ein Dreijähriger aufgefordert wird, alle roten Bauklötze zusammenzulegen, so versteht er dies für den Moment und beginnt, einige rote Klötzchen zu gruppieren. Dann gibt er diese Beschäftigung auf und fängt an, irgend etwas, das mit dem vorgenannten Auftrag nichts zu tun hat, zu bauen.

FÜR EIN KIND ERFORDERT ES ERFAHRUNG, GLEICHARTIGKEITEN AN GEGENSTÄNDEN ZU SEHEN UND DIESE ALLEIN AUFGRUND DER GLEICHARTIGKEIT ZU GRUPPIEREN!

2. Phase:
Hat ein Kind die zweite Phase erreicht, kann es alle roten Klötzchen auf einen Haufen legen und alle nicht roten auf einen anderen. Werden jedoch Klötzchen angeboten, die auch noch nach anderen Gesichtspunkten sortiert oder gruppiert werden können, wird das Kind unsicher.

3. Phase:
Erst in der dritten Phase läßt das Kind sich nicht mehr irritieren. Es spielt keine Rolle, ob die **roten** Klötzchen rund, drei- oder viereckig sind. Es erkennt das gleiche Merkmal (rot) an allen und handelt dementsprechend.

Da die Wissenschaftler der Ansicht sind, daß die Fähigkeit zum Gruppieren (Klassifizieren) nicht nur vom Alter der Kinder, sondern auch von der Art der Erfahrungen, die ein Kind gemacht hat, abhängt, sollen hierzu nachfolgend unterschiedliche Spielmöglichkeiten beschrieben werden. Dabei steht der Erwerb von Eigenschaftsbegriffen im Vordergrund.

Eigenschaftsbegriffe

Eigenschaftsbegriffe beruhen auf einer Abstraktionsfähigkeit. Man benötigt zahlreiche Erfahrungen mit einer bestimmten Eigenschaft, um sich ihrer sicher bedienen zu können, d.h. das Kind muß eine Vielzahl von Erfahrungen mit **roten** Dingen gesammelt haben, um sicher entscheiden zu können, ob das Ding rot oder nicht rot ist.

DIE FÜR DIE MENGENBILDUNG BENÖTIGTEN EIGENSCHAFTEN SIND MEIST SOLCHE DER **GRÖSSE**, **FARBE**, **FORM** des **MATERIALS**, **GEWICHTS** USW.

DIE BERÜCKSICHTIGUNG RÄUMLICHER EIGENSCHAFTEN IST EBENFALLS EINE GUTE VORBEREITUNG FÜR DEN ERWERB GEOMETRISCHER GRUNDBEGRIFFE.

Alle genannten Spiele können nur Anregungen sein. Es muß für jeden erziehenden Erwachsenen eine Freude sein, sich neue Spiele, die für das Kind interessant und attraktiv sind, auszudenken.

KREATIVE ERWACHSENE WERDEN AUCH KREATIVE KINDER HABEN.

Sandförmchen einsammeln

Es ist ein schöner, sonniger Tag. Die Kinder spielen im Sand. Brote werden gebacken, der Kuchen wird garniert, die Semmeln werden verkauft. Für jedes Backwerk wird eine andere Form benötigt.

Durch den spielerischen Umgang werden die Kinder schon recht früh mit bestimmten Formbegriffen vertraut gemacht.

„Haben sie noch Zimtsterne? Mein Mann ißt diese so gerne. Ach, bitte backen sie doch für mich noch welche. Aber es müssen Sterne sein!"

Ein anderes Kind kommt mit einem großen Holzbrett als Einkaufstasche und möchte **runde** Kuchen kaufen. Der Bäcker holt die **runde** Form und bäckt schnell das Gewünschte.

Nach dem Spiel müssen die Formen wieder aufgeräumt werden.
„Alle Sternformen kommen in diesen Eimer, alle runden Formen gebt ihr in jenen Karton!"

Luftballone sortieren

Manchmal hat man das Glück und erhält fünf oder sechs Luftballone unterschiedlicher Farbe.

Nach den Bewegungsspielen überlegen wir uns ein Farbensortier- oder Farbenunterscheidungsspiel. Hierzu schneiden wir „große Füße" aus Karton aus und kleben sie an die aufgeblasenen Luftballone. Je nach Belieben können wir mit Fingerfarben noch lustige Gesichter auf die Ballone malen. Alles sieht sehr lustig aus und reizt die Kinder geradezu zum handelnden Umgang.

Beispiel:

„Schaut euch nur einmal diese lustigen Gesellen an. Sie hüpfen einfach so da herum. Wir wollen einmal Ordnung in den Haufen bringen. Alle mit den roten Bäuchen (Füßen) kommen in diese Ecke. Die anderen hüpfen in die gegenüberliegende Ecke!"

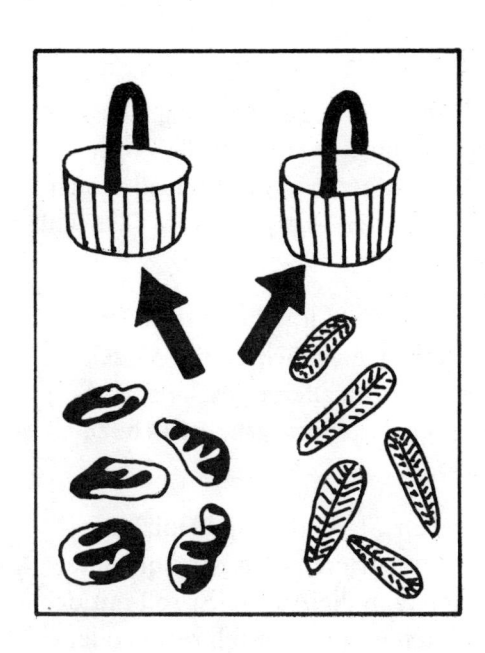

Steine und Tannenzapfen

Ein Spaziergang durch Feld und Wald sollte nicht nur aus gesundheitlichen Gründen so oft wie möglich durchgeführt werden, auch im Hinblick auf die gesamte Bewußtseinserweiterung und der Umwelterfahrung gehört er einfach zum Kinderleben dazu.

Was es da nicht alles zu sehen und zu sammeln gibt. Kinder sind leidenschaftliche Sammler. Diese „Tugend" greifen wir auf und sammeln eifrig mit. Zu Hause angekommen, betrachten wir die Schätze, sprechen noch einmal darüber, weisen auf dieses und jenes hin und versuchen schließlich, die Dinge nach einer bestimmten, zuvor vereinbarten Ordnung zu sortieren.

„Die Steine legen wir in diesem Korb. Später werden wir sie vielleicht bemalen. Die Tannenzapfen kommen in diese Schachtel. Mal sehen, was wir damit basteln können . . . ."

Formen fühlen

Daß es runde Walzen und viereckige Klötzchen gibt, wissen die Kinder aus ihrer Bauerfahrung. Es kommt aber darauf an, den „Formenbegriff" (z.B. rund) durch eine Vielzahl von Handlungserfahrungen zu fertigen.

JE MEHR SINNE AM ZUSTANDEKOMMEN EINES BEGRIFFS BETEILIGT SIND, DESTO UMFASSENDER UND FESTER IST ER BEIM KIND VERANKERT.

Um Abwechslung in unser Spiel zu bringen, vergraben wir heute einmal einige Formen unter Sandhügeln. Die Kinder sollen durch Taten (evtl. Augen schließen) die jeweilige Form erkennen und benennen.

„Für jeden habe ich einen Sandhügel aufgeworfen. Im Sandhügel steckt eine Form, die allen bekannt ist. Ihr sollt vorsichtig mit der Hand in den Sand greifen, die Augen schließen und mir dann sagen, was ihr entdeckt habt. Wer fängt an?"

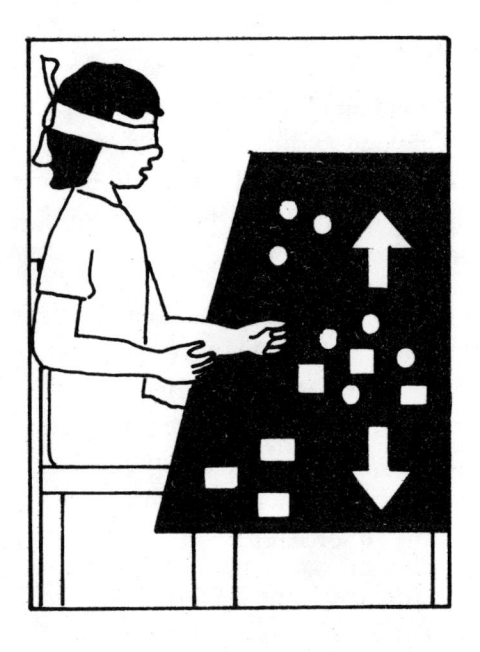

Glasperlen und Holzklötzchen

Glasperlen sind rund, Holzklötzchen viereckig. Dieses Unterscheidungsmerkmal bezieht sich auf die Form. Aber Glasperlen und Holzklötzchen unterscheiden sich auch noch hinsichtlich anderer Tastqualitäten. Glas fühlt sich ganz anders wie Holz an.

Obwohl es uns hier vornehmlich um die „Form" als Unterscheidungskriterium geht, möchten wir aufzeigen, daß im Spiel nie eine Funktion alleine geschult wird, daß es zum Wesen des Spiels gehört, **ganzheitlich** zu sein. Und das ist gut so.

Wir legen ein Gemisch von Glasperlen und Holzklötzchen auf den Tisch, demonstrieren dem Kind die Spielidee und verbinden ihm dann die Augen. Es soll mit der Hand die Formen erfühlen und sie je nach rechts oder links sortieren.

Möglicherweise ist es sinnvoll, das Spiel nicht mit verbundenen Augen zu beginnen. Es kommt immer auf das jeweilige Entwicklungsalter des Kindes an.

Tastkarton

Wenn Kinder im Hause sind, werfen wir das Verpackungsmaterial nicht blindlings weg. Wir überlegen uns, ob der Karton, ob das Seidenpapier, ob die Plastikflasche nicht für ein Spiel dienlich sein könnten.

Beispiel:
Wir schneiden an der Schmalseite eines Schuhkartons ein Loch, das gerade so groß ist, daß eine Kinderhand hindurchgreifen kann. Vielleicht kleben wir von innen her noch ein Stückchen Stoff vor die Öffnung, damit man nicht von außen hineinsehen kann. Wer Lust hat, kann natürlich auch eine Stoffröhre vor das Loch kleben. Für uns ist es wichtig, daß das Kind Dinge in der Schachtel ertasten und benennen kann.

Liegt in der Schachtel eine runde Walze oder ein viereckiges Klötzchen?

Merkmale erfühlen

Was habe ich in der Hand?

Die Kinder stellen sich im Kreis auf und halten die Hände auf den Rücken. Der Spielleiter legt jedem Kind einen bekannten und leicht zu ertastenden Gegenstand in die Hände. Die Kinder versuchen, den Gegenstand auf Grund seiner Form, Größe, seines Gewichtes und noch anderer Merkmale zu erkennen.

Der Spielleiter stellt sich in die Kreismitte und fragt jedes Kind, was es in der Hand hält.

Variation:
Sind die Kinder älter und auch schon sprachgewandter, soll der Gegenstand beschrieben werden. Die anderen Mitspieler sollen anhand der Beschreibung den Gegenstand erraten.

Gleichklingende Geräusche

„Hört einmal gut zu! Welche Dosen klingen gleich?"

Auf dem Tisch stehen vier Dosen. In je zwei befinden sich Sand oder Kieselsteine. Der Erwachsene schüttelt sie abwechselnd und versucht die beiden, die gleich klingen, einander zuzuordnen.

„Habt ihr gesehen, was und wie ich es gemacht habe? Wer von euch möchte heraushören, welche Dosen gleich klingen?"

Unterscheidungsmerkmale können gesehen, ertastet, gehört und erschmeckt werden. Es ist nicht gut, wenn beim Spielangebot eine Förderabsicht allzulang im Vordergrund steht. Das Kind verlang nach Abwechslung, nach einer neuen Verpackung des alten Inhalts.

Essigflaschen nach rechts — Parfümflaschen nach links!

Ein Unterscheidungskriterium, das oftmals zu wenig beachtet wird, ist der Geruch. Dabei spielt das Riechen in unserem Leben gar nicht so eine untergeordnete Rolle. Wenn wir im Frühjahr über eine duftende und blühende Wiese gehen und all die angenehmen Düfte und Wohlgerüche einatmen, ist uns ganz wohl ums Herz. Daher werden wir in die Fähigkeit zur Gruppenbildung den Geruchssinn mit einbeziehen.

Wir stellen zwei oder drei Essig- und Parfümflaschen unverschlossen auf den Tisch und ermuntern die Kinder, die zusammengehörenden Flaschen nach rechts oder nach links zu sortieren.

Wem das mit den Flaschen zuviel ist, tränkt einige Wattebäuschen oder Stoffreste mit der entsprechenden Flüssigkeit und läßt diese aufgrund des Geruchs ordnen.

Formenschachteln

In den meisten Kindergärten werden die sogenannten Formenboxen vorhanden sein. Aus einer Holzkiste sind bestimmte Formen (Quadrat, Kreis, Dreieck) herausgesägt, so daß die Kinder entsprechend geformte Klötzchen in die Aussparungen hineinstecken können.

Zu Beginn unserer Einsteck- oder Unterscheidungsspiele kleben wir alle Öffnungen bis auf eine zu. Das Kind soll aus zwei oder drei unterschiedlichen Formen eine aussuchen und in die Box stecken. Später erhöhen wir den Entscheidungsspielraum. Das Kind kann das quadratische Klötzchen in den quadratischen und das runde in den runden Schlitz stecken.

Geschickte Väter fertigen sich solche Formenschachteln aus einem Schuhkarton an.

Herbstblätter

Wir haben uns ein schönes herbstliches Gruppenbildungsspiel für die Kinder ausgedacht.

Zuerst unternehmen wir einen Lerngang in den nahen Park. Dort schauen wir uns die Buntfärbung des Laubes an und sammeln die Blätter, die uns besonders gut gefallen, in einen Spankorb. Von jeder Blattart sollen möglichst mehrere vorhanden sein.

Zu Hause erhält jeder ein großes Stück Kartonpapier mit der Bitte, einen Baum mit einer großen Krone zu zeichnen. Nun breiten wir die gesammelten Blätter auf dem Fußboden aus, suchen uns eine Sorte aus und kleben diese Blätter an unseren Baum. Zum Schluß hängen wir den Baum mit den bunten Blättern an die Wand und freuen uns darüber.

Variation:
Jedes Kind malt auf einen Karton drei Bäume und ordnet jedem eine bestimmte Blättersorte zu.

Zoo

In einer Schachtel bewahren wir alle nur erdenklichen Plastiktiere auf. Nach einem Zoobesuch oder nach dem Betrachten eines Zoobilderbuches spielen wir Zoo.

Alle Plastiktiere werden wahllos auf den Tisch gestellt. Da stehen der Löwe neben dem Schaf und der Hund neben dem Hasen. Das kann natürlich nicht so bleiben, sonst fressen sich die Tiere gegenseitig auf. Wir bauen Tiergehege aus Schnüren, Kartonschachteln, Einweckringen usw. Welches Tier soll in welches Gehege? Nach den ersten Gruppierungen kommt vielleicht einer auf die Idee, daß man bestimmte Tiere zusammen in ein Gehege sperren kann. Neue Ordnungskriterien müssen gefunden und auch begründet werden. Man kann ja nicht einfach aus Jux zwei Tiersorten zusammen in ein Gehege geben.

Eierkartons

Wofür Eierkartons alles gut sein können, weiß man erst, wenn man kleine Kinder und Zeit für sie hat. In die Mulden, in denen sonst die zerbrechlichen Eier liegen, sortieren wir heute die Muggelsteine nach Farben.

1) In den einen Eierkarton legen wir alle roten und in den anderen alle blauen Muggelsteine.

2) Wir ordnen die Steine nach einem bestimmten Muster ein. In die erste Mulde kommt ein gelber Stein, in die zweite ein schwarzer, in die dritte ein grüner usw. Nach diesem Muster werden alle anderen einsortiert.

3) Der Schwierigkeitsgrad wird weiter erhöht. Wir sagen dem Kind: *„Lege zuerst einen kleinen Stein hinein und dann einen großen, dann kommt wieder ein kleiner und so fort. Halte genau diese Reihenfolge ein!"*

Zusammenfassen

Bei diesem Gruppenbildungsspiel wird eine neue Technik des Zusammenfassens angewandt. Auf dem Tisch oder Fußboden liegen schwarze, weiße und rote Muggelsteine (Bauklötze, Glasperlen, Holzkugeln) bunt durcheinander. Der Mitspieler soll mit Hilfe von Schnüren die Steine gleicher Farbe durch Drumherumlegen zusammenfassen. Hierbei kann es vorkommen, daß einmal nur zwei, dann wieder vier oder fünf aufgrund ihrer Position zusammengefaßt werden können.

Versteht das Kind die Anweisung nicht, wird der Erwachsene es ihm vormachen:

„Schau hier liegen viele Muggelsteine. Zeige mir einmal die roten Steine! Siehst du, um diese hier lege ich jetzt eine Schnur. Sie gehören zusammen. Zeige mir noch weitere Steine, die zusammengehören!"

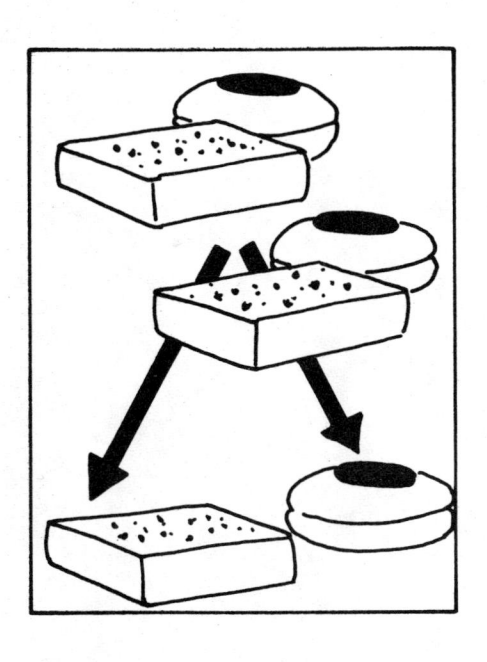

Süße und salzige Kekse

Immer wenn es ans Essen geht, sind die Kinder bei der Sache. Sie brauchen nicht zweimal gerufen zu werden.

Wir stellen eine Schüssel mit süßen und salzigen Keksen und zwei weitere Schälchen auf den Tisch. Zuerst müssen wir natürlich kosten, welches die salzigen und welches die süßen Kekse sind. Nach dieser ersten Kostprobe geht es an die Arbeit. Am Abend soll eine Party stattfinden und da sollen Schüsselchen mit süßen und salzigen Keksen gereicht werden. Also müssen wir sie zuvor richtig verteilen.

Variation:
Ähnliche Gruppenbildungsspiele können mit Obst, Gemüse und Zuckerwerk durchgeführt werden.

Es wird wohl nicht notwendig sein, darauf hinzuweisen, daß bei solchen Sortierspielen bestimmte hygienische Vorschriften eingehalten werden müssen. „Händewaschen" wäre die allermindeste Vorbedingung.

Plätzchen verteilen

In der Weihnachtszeit zieht ein bestimmter Duft durch das Haus. Mutter backt Weihnachtsgebäck. Das ist gut und richtig. Aber wie soll danach das Gebäck verteilt werden?

Es wird eine Vereinbarung getroffen. Ein Teil wird aufgehoben für allgemeinere Zwecke: wenn Besuch kommt, wenn der Weihnachtstisch gedeckt wird usw. Ein zweiter Teil wird auch gleich für den Nikolaussack aussortiert. Der letzte, weitaus kleinere Teil wird zu gleichen Teilen auf die Familienmitglieder verteilt. Damit kann im Prinzip jeder machen, was er will, doch ist es ratsam, nicht alles auf einmal zu essen. Bevor es jedoch so weit ist, muß das ganze Gebäck sortiert werden. Die Kokosplätzchen legen wir auf diese Seite, die Zimtsterne auf jene usw.

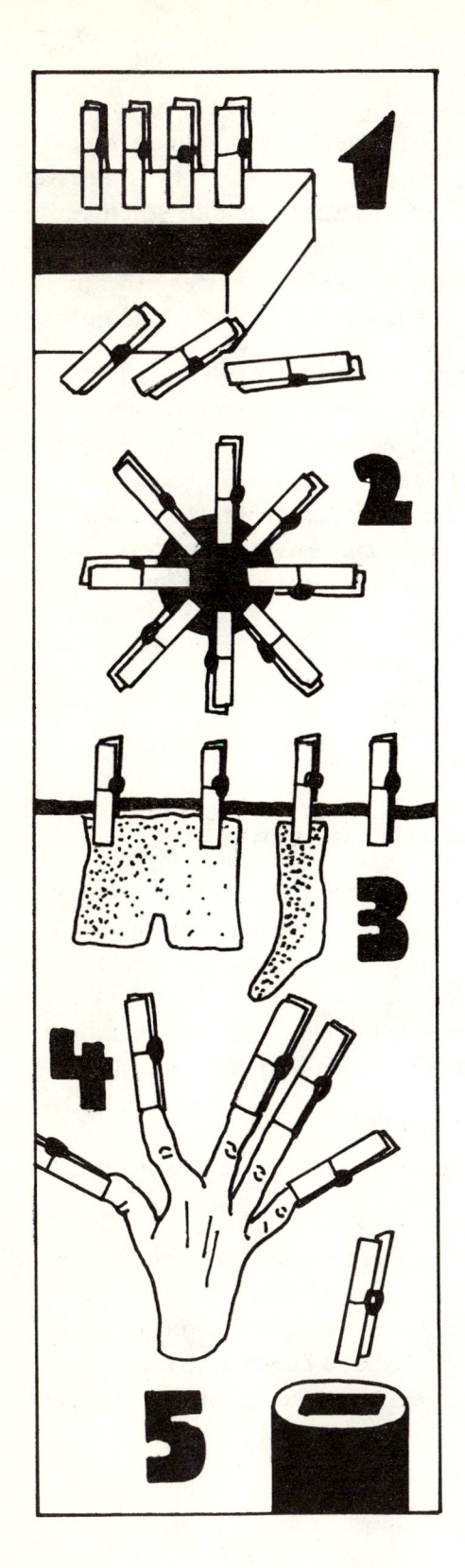

Wäscheklammerspiele

In jedem Haushalt sind Wäscheklammern vorhanden, denn überall fällt Wäsche, die gewaschen und getrocknet werden muß, an. Wir geben unserer Fantasie Raum und überlegen uns Ordnungsspiele.

1) In der Mitte des Tisches steht ein Schuhkarton mit farbigen Kunststoffwäscheklammern. Wir ermuntern das Kind, dieselben wahllos entlang des Kartonrandes zu stecken. Später sollen auf jeder Seite nur die einer Farbe gesteckt werden.

2) Auf dem Tisch liegen eine Anzahl Bierdeckel und viele Wäscheklammern. Wir zeigen den Kindern, wie wir uns das Sortierspiel vorstellen.

Auf jeden Bierdeckel klammern wir die Wäscheklammern einer Farbe. Zum Schluß liegen auf dem Tisch lauter „Wäscheklammersonnen".

3) Auf einem Seil werden zuerst ohne bestimmte Ordnungskriterien Tücher angeklammert. Später wird eine Farbenreihenfolge eingehalten.

4) Auf jeden Finger einer Hand wird eine bestimmte Wäscheklammer geklammert. *„Auf die rechte Hand kommen die roten und auf die linke Hand die grünen Klammern."*

5) Die farbigen Wäscheklammern werden in Dosen, Gläser, Schachteln nach Farben sortiert.

Große und kleine Steine

Der letzte Sonntagsspaziergang führte an einem Bachufer entlang. Dort lagen herrliche Kieselsteine – runde, längliche, große, kleine, gemusterte, gestreifte, gefleckte. Die Auswahl fiel schwer. Es wurden nur die schönsten Steine ausgesucht und in die Tasche gesteckt. Beinahe hätten wir sie zu Hause wieder fortgeworfen. Aber in der letzten Minute fiel den Eltern noch ein Spiel ein.

„Schau zu, was ich tue! Ich male auf jeden Stein mit dem Filzstift ein Gesicht. – Punkt, Punkt, Komma, Strich, fertig ist das Angesicht. Jetzt haben alle Steine ein Gesicht. Es sind unsere Männchen. Es gibt große Männchen und es gibt kleine Männchen. Die großen Männchen wohnen in diesem Haus und die kleinen in jenem. Komm, hilf mir, damit die Männchen ihr richtiges Haus finden."

Immer ein großes und ein kleines Tier

Wir stellen uns aufklappbare Karten mit Tierdarstellungen her (s.Abb.). Dazu zeichnen wir auf Karton die vereinfachten Umrisse von großen und kleinen Tieren, schneiden sie aus, legen sie auf unsere aufklappbaren Karten und umfahren sie mit einem Filzstift. Auf diese Weise können wir beliebig viele Karten herstellen.

Nun zum eigentlichen Spiel:

1) Je nach Laune werden die Karten wahllos aufgestellt und darüber gesprochen.

2) Die Karten, d.h. die Tiere werden nach bestimmten Kriterien geordnet. Zur Einstimmung erzählen wir den Kindern eine Geschichte an deren Schluß die Aufforderung steht, eine lange Reihe zu bilden. Zuerst kommt ein großes Tier, dann ein kleines, dann wieder ein großes und so fort.

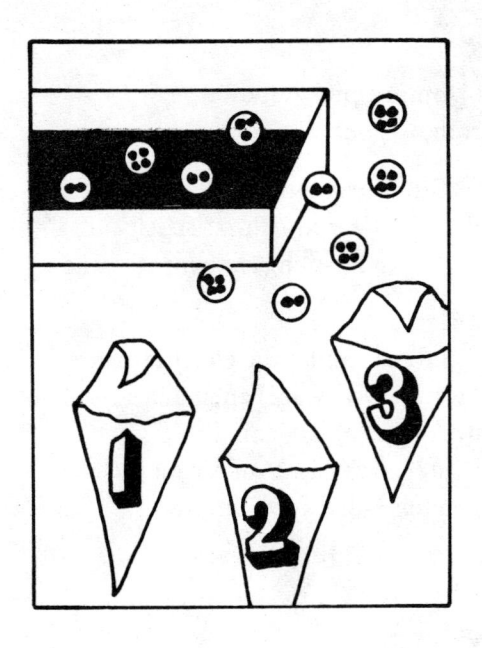

Knöpfe sortieren

Mutters Knopfschachtel übte schon immer einen eigenartigen Reiz auf Kinder aus. Einfach so mit der Hand darin herumzuwühlen, bereitet schon Spaß genug. Heute möchten wir jedoch den Kindern ein Sortierspiel schmackhaft machen.

Zu diesem Zweck heften wir spitze Papiertüten mit Tesafilm in einer Reihe an die Wand (s.Abb.). Dann legen wir in jede Tüte einen Knopf einer bestimmten Sorte. In die erste Tüte kommen alle Hemdknöpfe, in die zweite alle großen dunklen Mantel- und Kostümknöpfe, in die dritte Tüte geben wir die roten, blauen und weißen Blusenknöpfe. Sollten diese Kriterien für das Kind noch zu schwierig sein, nehmen wir einfachere oder sortieren die Knöpfe vor dem Spiel aus, so daß nur zwei oder drei Sorten zur Auswahl übrig bleiben.

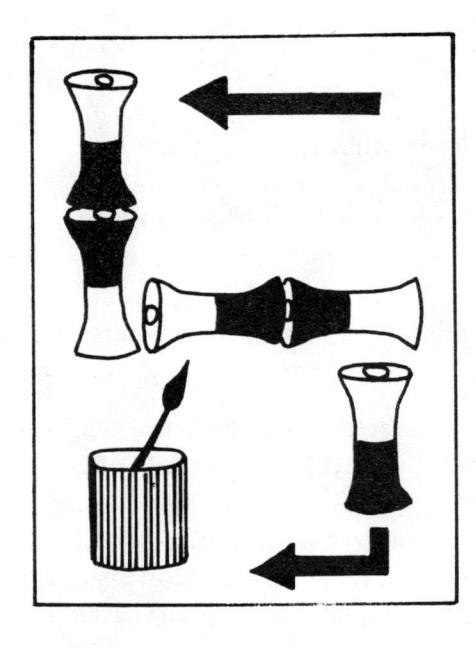

Garnrollen-Domino

Früher gab es die herrlichen hölzernen Garnrollen, heute werden sie aus Kunststoff hergestellt.

Wir passen uns den Gegebenheiten an.

Zuerst tauchen wir die eine Hälfte der Rollen in die Farbe (Lack) ein, lassen sie gut abtropfen und trocknen. Wenn wir die zweite Hälfte ebenfalls in eine andere Farbe tauchen, besitzen wir zweifarbige Garnrollen, die sich vorzüglich für ein erstes Dominospiel eignen.

Wir legen die erste Garnrolle auf den Teppichboden, legen eine zweite dazu, achten aber darauf, daß beispielsweise der dunkle Teil der einen an dem dunklen Teil der anderen Rolle anliegt. Hat das Kind die Spielidee verstanden, wird es ermuntert, die Reihe selbst fortzusetzen.

Variation:
Anstelle der Garnrollen nehmen wir längliche Klötzchen und bemalen beide Enden mit unterschiedlichen Farben.

Weckring-Domino

Aus Weckringen ein Dominospiel gestalten?
Was soll das? Abwarten, es geht!

Wir zerschneiden den Gummiring in zwei Teile. Die eine Hälfte des einen Teils malen wir mit Filzstift schwarz an. An jedem Halbring befindet sich also ein roter und ein schwarzer Teil.

Beim Spiel legen wir einfach immer die gleichfarbigen Teile (rot an rot, schwarz an schwarz) aneinander. Dabei entsteht eine wellenförmige Schlangenlinie. Dieses Gebilde können wir unter dem Tisch, unter die Stühle bis zur gegenüberliegenden Wand fortführen.

Variation:
Bei älteren Kindern malen wir auf die eine Seite des Halbringes Kreuze, Kringel, Striche usw. und vermehren so die Zuordnungsmöglichkeiten.

Was gehört wohin?

Das Kind hat sich schon einen großen Schatz an Umwelterfahrung angeeignet. Wir schauen, wie weit das Kind fähig ist, seine Umwelt zu gliedern, d.h. unter einem bestimmten Gesichtswinkel zu sehen. Hierzu sammeln wir je ein Bild eines Gartens, einer Küche und einer Kindergartensituation, heften dieselben an eine Wand und verteilen allerhand Geräte, Utensilien, Spielsachen usw. auf dem Boden.

Die Aufgabe des Kindes besteht darin, die Dinge den jeweiligen Bildern (Umwelträumen) zuzuordnen. Dabei kann es schon vorkommen, daß ein Gegenstand sowohl dem einen als auch dem anderen Bereich zugeordnet werden kann. Das Bauklötzchen paßt zum Kindergarten und zum Garten. Vielleicht spielt das Kind im Garten mit Klötzchen?

Erste sprachliche Begründungen für die jeweilige Zuordnung tauchen auf und sollen, wenn immer möglich, gefördert werden.

Rote und gelbe Waggons

Im häuslichen Kreis und im Kindergartenbereich ist eine Fülle von Spielzeug, bei dem etwas zugeordnet werden kann, vorhanden.

Beispiel:
Im Regal steht ein hölzerner Zug, bei dem in die Vertiefungen Männchen hineingestellt werden können. Mit deutlich vernehmbarem Zischen, Prusten und Schnaufen fährt die Lok mit ihren drei Waggons fort.

„Alles aussteigen," ruft der Bahnhofsvorsteher.

Nun werden die Waggons neu zusammengestellt und neu besetzt.

In den roten Waggon steigen alle roten Männchen ein . . Beim zweiten Durchgang wird das Zuordnen etwas differenzierter gehandhabt. *„In den roten Waggon steigen die blauen und in den grünen die gelben Männchen ein."* Wer es noch schwieriger gestalten möchte, sagt: *„In den roten Waggon steigen alle blauen und grünen Männchen ein . . ."*

Alle roten Würfel und roten Scheiben

Auf dem Spielwaren- oder Lernmittelmarkt befinden sich viele Spielmaterialien, die aus verschiedenfarbigen Klötzchen, Scheiben, Rechtecken, Dreiecken in unterschiedlicher Stärke bestehen. Mit solchen „strukturierten" Materialien lassen sich eine Vielzahl von Zuordnungs- bzw. Sortierspielen durchführen.

1) Ein Schuhkarton wird durch einen Mittelstreifen in zwei Fächer geteilt. Auf die Vorderseite wird jeweils ein rotes Quadrat oder ein roter Kreis geklebt. Die Kinder werden ermuntert, die roten Würfel in das eine und die roten Scheiben in das andere Fach zu sortieren.

2) Auf dem Boden werden Seile zu Kreisen ausgelegt. In den einen Kreis kommen alle dünnen und in den anderen Kreis alle dicken Holzscheiben.

! In der letzten Zeit ist dieses „strukturierte Material", in Mißkredit gekommen, weil es bei der Einführung in die „Mengenlehre" mitverwendet worden ist.

Bei einem maßvollen und kindgerechten Einsatz führt der Umgang mit diesen Materialien zu keinen Verfrühungen oder Überforderungen. Nicht das Material überfordert, sondern die Erwachsenen, die es unsinnig anwenden. Das „strukturierte Material" hat daraus seine Berechtigung, auch bei entwicklungsgestörten Kindern.

Wir kochen Pudding

Was hat Puddingkochen mit Mathematik zu tun? Nun, es muß zumindest überlegt werden, was dazu gebraucht wird. Und diese Materialien müssen von anderen unterschieden werden. Außerdem muß beim Kochen, wenn am Ende ein eßbarer Pudding herauskommen soll, eine gewisse Reihenfolge des Vorgehens eingehalten werden. Schließlich muß das Meterial in einem „ausgewogenen" Verhältnis verwendet werden. Es darf nicht zuviel oder zu wenig Milch genommen werden.

Wir sehen: Fast bei allen Alltagsvollzügen legen wir bestimmte Ordnungskriterien zugrunde. Auch wenn dies nicht bewußt geschieht, so sehen wir daran die Notwendigkeit, das Kind in unser Handeln mit einzubeziehen und es selbst handeln zu lassen.

Bilder von Gruppen, deren Elemente zwei und mehr gemeinsame Merkmale haben

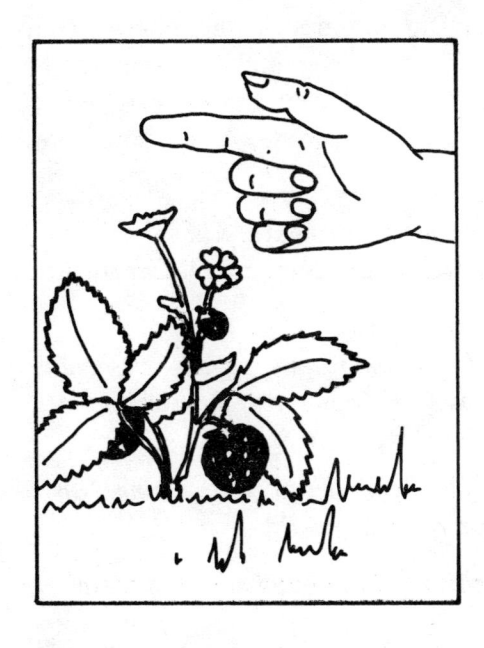

Alle kleinen und grünen Beeren hängen lassen!

Beerenzeit – schöne Zeit!

Die Kinder dürfen beim Beerenpflücken mithelfen. Jeder erhält einen Spankorb und genaue Anweisungen, was er beim Pflücken zu beachten hat.

„Wir bleiben immer in einer Reihe. Jeder darf soviel Beeren essen wie er möchte. Beim Pflücken achten wir darauf, daß alle kleinen und grünen Beeren hängen bleiben."

In solchen Realsituationen fällt es den Kindern nicht schwer, zwei Merkmale zu beachten und ihr Verhalten dementsprechend auszurichten.

Weitere Realsituationen:

1) In diesen Korb kommen alle braunen Bierflaschen, in den anderen alle hellen Milchflaschen. Alle anderen Flaschen bleiben stehen!

2) In dieses Fach stellen wir alle sauberen schwarzen Schuhe, in das Fach darüber alle schmutzigen Schuhe . . . . .! Welche bleiben noch übrig?

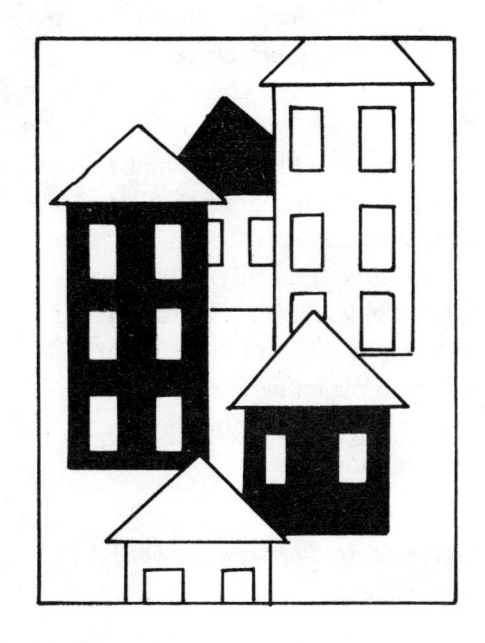

Wir bauen eine Stadt

In der Holzkiste liegen viele große und kleine, braune, rote und gelbe Häuser. Wir schütten den gesamten Inhalt aus und beginnen, damit eine Stadt zu bauen.

Jeder stellt die Häuser, die ihm gerade gefallen, an einem beliebigen Platz auf. Der Erwachsene setzt sich so, daß er das Kind öfter bitten muß, ihm dieses oder jenes zu reichen.

„Martin, sei bitte so gut und gib mir ein großes blaues Haus. Ach, jetzt hätte ich noch ganz gerne ein kleines Haus mit einem gelben Dach. Kannst du mir auch ein kleines grünes Haus reichen?"

Zu einem anderen Zeitpunkt wird die „Stadt" unter anderen Gesichtspunkten gebaut. In dieser Straße sollen nur Hochhäuser mit einem Flachdach stehen, in jener nur solche mit schwarzen Fenstern und Türen usw.

Variation:
Wenn die entsprechenden Holzteile nicht vorhanden sind, schneiden wir uns die Teile aus festem Karton aus.

Muggelsteine in zwei Größen und Farben M

Muggelsteine sind bei Kindern ein sehr beliebtes Beschäftigungsmaterial. Die glatten Steine liegen angenehm in der Hand, lassen sich gut greifen und besitzen freundliche, leuchtende Farben. Es gibt ein ganzes Sortiment solcher Steine: kleine, mittlere, große, gelbe, blaue, rote, flache, dicke . . . .

Wir verwenden die Muggelsteine heute, weil sie sich von den Kindern hinsichtlich zweier Merkmale leicht sortieren lassen.

1) *„Suche einmal alle großen, roten Muggelsteine heraus und lege sie auf dieses Blatt Papier. Auf das zweite Blatt Papier legst du alle übrigen großen Steine.*

Paß gut auf! Du weißt, überall liegen große Steine. Nur hier liegen die großen roten Steine!"

2) *Lege auf diese Seite alle Roten und auf die andere Seite alle Kleinen!"*

Herbstblätter

Wenn immer es geht, sollen die Erwachsenen solches Material, das im Umfeld des Kindes eine Bedeutung hat, in das Spielangebot des Kindes mit einbeziehen. Da sind z.B. die schon einmal erwähnten Herbstblätter. Anläßlich eines Spazierganges durch den Park sammeln wir sowohl bunte als auch noch grüne Blätter. Zuhause stellen wir den Herbstbaum mit seinen charakteristischen bunten Blättern dem grünen Laubbaum gegenüber. Zuvor müssen jedoch die mitgebrachten Blätter sortiert werden. In die eine Schachtel legen wir alle **großen** und **bunten** Blätter, in den zweiten Karton kommen die **kleinen** und **grünen** Blätter. Nun malen wir auf eine großes Stück Papier die Umrisse zweier Bäume und heften die entsprechenden Blätter daran.

Ein Kreisgespräch beginnt: *„Wer zeigt mir den Herbstbaum? Sage, wie die Blätter aussehen! Zeige den Laubbaum! Welche Farbe haben die Blätter dort? Vergleiche die Größe der Blätter!"*

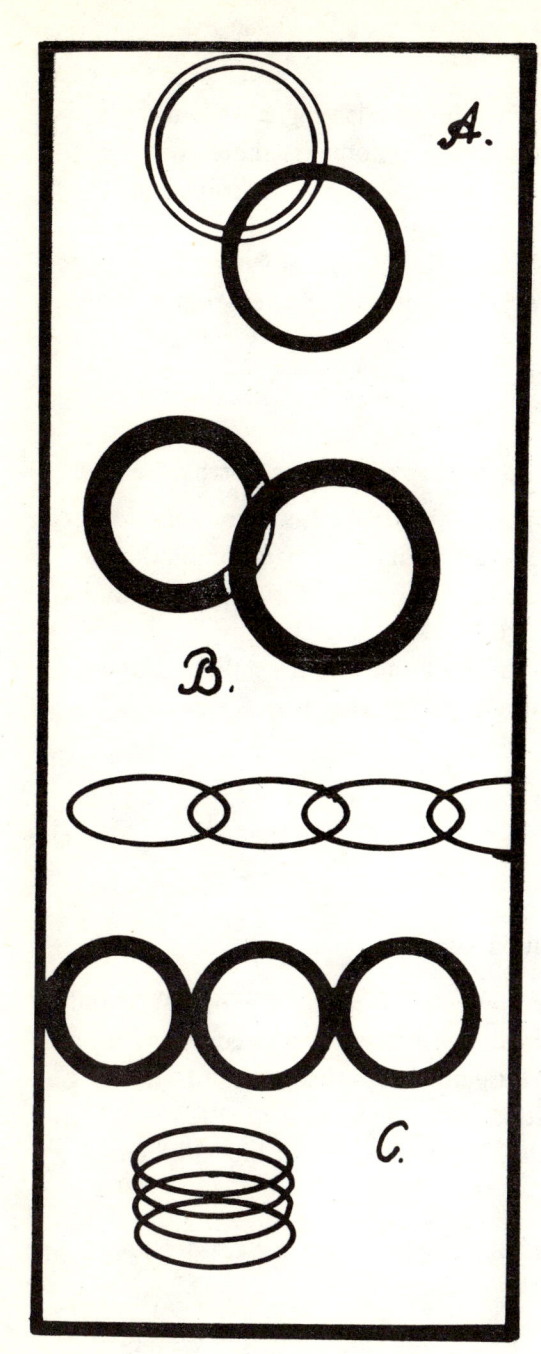

Verschiedene Ringe

Werden zwei Ringe so gelegt, daß der eine teilweise unter dem anderen liegt, wird beim Betrachten der eine den „Wahrnehmungsgrund" und der andere die „Wahrnehmungsfigur" bilden (s.A+B).

Wir beginnen mit zwei Ringen, die sich farblich sehr intensiv unterscheiden. Der rote Ring liegt unter dem blauen Ring. Auf diesen Tatbestand wird demonstrativ, d.h. durch Gebärden, Mimik und Gestik und durch Sprache hingewiesen.

Bevor wir jedoch vom Kind diese sprachliche Benennung erwarten, soll es viele Male mit den Ringen selbständig und handelnd umgehen. Erst danach folgen kleine Nachahmungsspiele.

„Ich lege zuerst den blauen Ring hin und dann den roten darüber. Wer kann das auch? — Gut! Das habt ihr alle richtig gemacht. Wer kann mir aber jetzt sagen, welcher Ring unten und welcher darüber liegt?"

Beherrscht das Kind die einfachen Nachlege- und Benennungsübungen, werden die markanten, optischen Eindrücke, die bisher als Orientierungshilfe dienten, verringert. Die beiden Ringe unterscheiden sich nun hinsichtlich der Farbe nicht mehr so intensiv. Schließlich sind beide Ringe sogar einfarbig (s.Abb. C).

Mit den Ringen lassen sich eine Fülle von weiteren Spielen, die die räumlichen Beziehungen der Dinge zueinander zum Inhalt haben, durchführen (s.Abb. D).

1) Wir legen alle Ringe aufeinander!

2) Wir bilden mit den Ringen eine lange Schlange!

3) Wer kann die Ringe so nebeneinander legen, daß der Rand des einen Rings auf dem Rand des anderen liegt?

4) Wir gestalten mit den Ringen Figuren.

Lottokarten aussuchen

Obwohl Kinder eher eine Beziehung zu Gegenständen, die sie in die Hand nehmen können, finden, wird es schon aus wirtschaftlichen und organisatorischen Gesichtspunkten heraus notwendig sein, den Kindern Abbildungen von Dingen zum Spielen anzubieten. Man hat nicht immer drei gelbe Autos oder zwei große Schränke parat, aber Bilderkarten sind meistens zur Hand. Daher versuchen wir auch mit Lottokarten Gruppenbildungsspiele durchzuführen.

Auf dem Tisch liegen verstreut einige Lottokarten.

Das Kind darf sie sich anschauen und wird aufgefordert, alle Bilder mit Eßwaren auf einen Haufen und die mit Kleidungsstücken auf einen Haufen zu legen. Wenn das Kind die Oberbegriffe „Kleidung" usw. noch nicht versteht, wird der Auftrag konkreter formuliert. *„Suche das Eis, das Brot, die Butter usw. heraus und . . . ."*

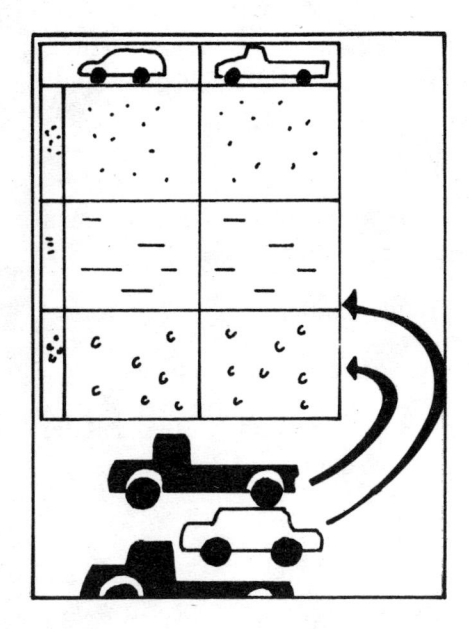

Autos richtig einparken

Für dieses Zuordnungsspiel benötigen wir LKW's und PKW's in verschiedenen Farben. Entsprechend den Farben der Autos fertigen wir uns den in der Abbildung gezeigten Parkplatz aus Karton an. Für die PKW's und LKW's sind je drei Parkplätze in verschiedenen Farben vorhanden.

Die Autos können einparken, aber nur auf den vorgeschriebenen Parkplätzen.

„Dieses Auto fährt auf den roten PKW-Parkplatz, jenes stellt sich auf den gelben LKW-Parkplatz!"

Das Kind muß hier zwei unterschiedliche Kriterien beachten. Das fällt nicht jedem Kind leicht, so daß der Erwachsene anfangs ruhig mithelfen soll.

Das Spiel kann später auch auf das Beachten von drei Kriterien ausgedehnt werden: *„Fahre deinen gelben LKW auf den weißen PKW-Parkplatz!"*

Alle Tiere mit vier Beinen

Haben die Kinder schon beobachtet, daß es Tiere mit zwei und solche mit vier Beinen gibt? Wenn nicht, werden wir dieses Beachtensmoment, das doch immerhin von Wichtigkeit ist, in ein gemeinsames Spiel einbinden.

Wir stellen alle verfügbaren Tiere (Stoff-, Gummi-, Plastiktiere usw.) auf die eine Tischhälfte. Auf die zweite malen wir mit Kreide einen Halbkreis und unterteilen diesen wieder in zwei Hälften. Das eine Feld ist der Platz, wo die Tiere mit vier Beinen auf die Weide gehen dürfen. Das andere Feld gehört den Zweibeinern.

Wenn wir genau hinschauen, verwenden wir bei diesem Spiel schon die Zahlwörter „zwei" und „vier". Das Anzahlige ist also im Ansatz schon vorhanden, nur wird noch nicht ausdrücklich darauf aufmerksam gemacht. Daß manche Tiere vier und andere zwei Beine haben, weiß man halt. Gezählt werden sie nicht.

Merkmale benennen

Erzähle etwas über die Klötzchen!

Das Sprechdenken und der sprachliche Ausdruck rücken immer mehr in den Vordergrund, obwohl das handelnde Tun, das experimentelle Umgehen mit den Dingen auch weiterhin die Grundlage allen Denkens und Problemlösens bleibt.

Allmählich müssen wir jedoch vom Kind einen immer differenzierteren, exakteren Ausdruck für ein Ding, für einen Vorgang fordern. Bilder, Bilderschichten können die Kinder wahrscheinlich schon beschreiben oder zumindest darüber sprechen. Können sie aber auch schon die Merkmale eines Gegenstandes benennen?

„Hier lege ich ein Klötzchen mitten auf den Tisch. Wer kann mir dazu etwas sagen? Richtig, das Klötzchen ist rot, ist viereckig, ist aus Holz, kann zum Bauen verwendet werden, schwimmt im Wasser, kann im Sand vergraben werden. Da wißt ihr aber schon viel über die Dinge!"

Meine Auto ist . . .

Die Kinder sitzen im Stuhlkreis. An der gegenüberliegenden Wand stehen Autos, die die Kinder entweder mitgebracht oder die der Erwachsene nach gut Dünken aufgestellt hat.

Jedes Kind soll sich in Gedanken ein Auto aussuchen und es dann beschreiben. Die anderen Kinder sollen gut zuhören und aufgrund der Beschreibung herausfinden, welches Auto gemeint ist.

Variation:
Kinder, die noch nicht so sprachmächtig sind, daß sie ein Auto beschreiben können, tun dies anhand ihrer Puppen, indem sie auf die Farbe der Haare, des Kleides usw. hinweisen.

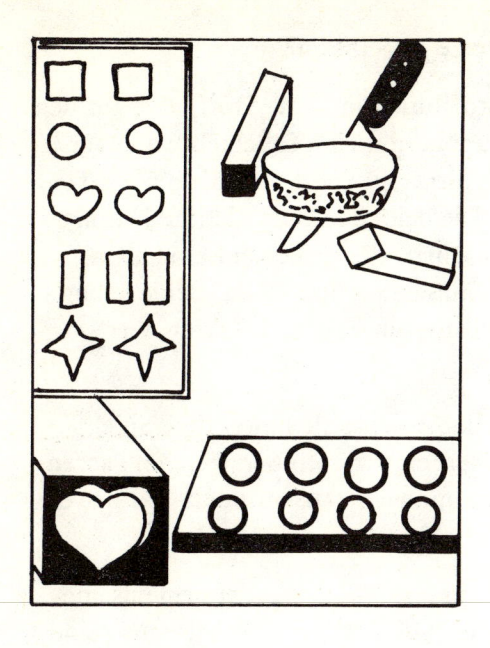

Stempelspiel

Aus Kartoffeln schneiden die Erwachsenen den Kindern Stempel zurecht. Die Kinder tauchen die Stücke in Farbe und stempeln erst einmal aus lauter Lust am Tun ein leeres Blatt voll. Hernach sollen sie sagen, welche Farbe sie verwendet haben und gegebenenfalls welche Form ihr Stempel hat.

Die älteren Kinder können eine Figur (Haus, Baum, Männchen) stempeln. Die Bilder werden an die Wand geheftet. Die Kinder setzen sich im Stuhlkreis davor und beginnen über ihre Werke zu sprechen. Wahrscheinlich wird hier der Erwachsene noch der Motor des Gesprächs sein. Er wird Fragen stellen, Hinweise geben, auf Parallelen hinweisen und immer wieder zum Sprechen ermuntern. Es darf nicht erwartet werden, daß die Kinder gleich eine perfekte Beschreibung oder Analyse abgeben.

An der Ampel

Manchmal muß man sehr lange an der Ampel stehen und und warten, bis das grüne Licht den Weg frei gibt. Warum soll diese Zeit nicht zum Sprechen und Wahrnehmen genutzt werden?

Wir stehen an der Ampel und schauen uns die Autos, die Motorräder, Fahrräder, Busse und LKW's an.

„Schau, da hinten kommt ein rotes Auto! Jetzt taucht ein großer Bus auf. Siehst du auch das Motorrad? Was siehst du noch?"

Variation:
Bei größeren Kindern können wir auch Schätz- bzw. Voraussagespiele anregen. Wir sagen voraus, was für ein Auto als nächstes an der Ampel halten wird. Ist es ein rotes, ein blaues oder ein weißes Auto?

An der Ampel können wir auch auf die unterschiedliche Geschwindigkeit der Fahrzeuge aufmerksam machen. *„Fährt der Motorrad- oder Fahrradfahrer schneller?"*

Was haben diese Dinge gemeinsam?

Wir stellen einen Stoffhund und eine Stoffkatze auf den Tisch, spinnen darum herum eine Geschichte und versuchen, daß am Ende die Frage steht, was die beiden Tiere gemeinsam haben. Die beiden müssen nicht unbedingt Feinde sein, es gibt Dinge, die sie gemeinsam haben. Fangen wir bei den äußeren Kriterien an. Beide haben einen schönen Schwanz, ein Fell, zwei Ohren, vier Beine . . . .

Haben die Kinder die Absicht, die hinter dem Spiel steht, verstanden, werden wir auch bei weiteren Paaren versuchen, das Gemeinsame herauszufinden. Was hat das mit Mathematik zu tun?

Sehr viel! Das gemeinsame Vielfache, der gemeinsame Nenner, die Zahl, die in den anderen enthalten ist, sind Beispiele dafür. Mathematisches Denken hat viele Vorstufen. Es fängt nicht gleich mit Kopfrechenaufgaben an.

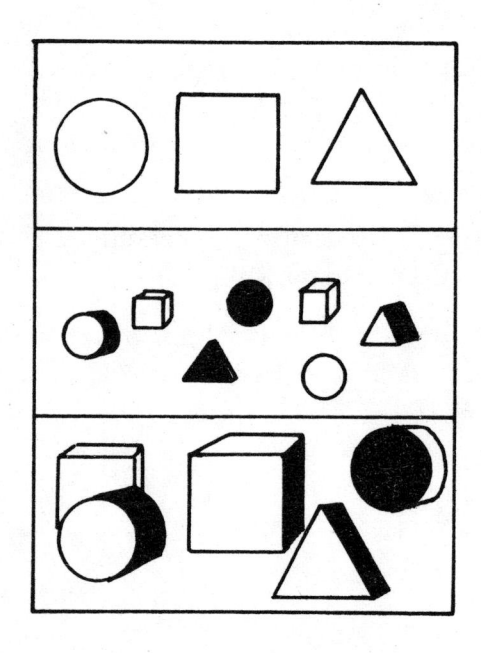

Wer weiß es?

Ja, wer weiß es? Wer kann das bisher in den Spielen Gelernte zusammenfassend beschreiben?

Wir legen die schon mehrmals verwendeten Klötzchen (im Lehrmittelhandel unter dem Namen „Logische Blöcke" bekannt) auf den Tisch (s.Abb.) und fragen in die Kinderrunde, wer irgendetwas zu den unterschiedlichen Klötzchen sagen kann.

a) Die Klötzchen können hinsichtlich ihrer Farbe beschrieben werden.
b) Die Klötzchen können hinsichtlich ihrer Größe beschrieben werden.
c) Die Klötzchen können hinsichtlich ihrer Dicke beschrieben werden.
d) Die Klötzchen können zu unterschiedlichen Gruppen mit einem oder mehreren Merkmalen zusammengefaßt werden.

Frage- und Ratespiele

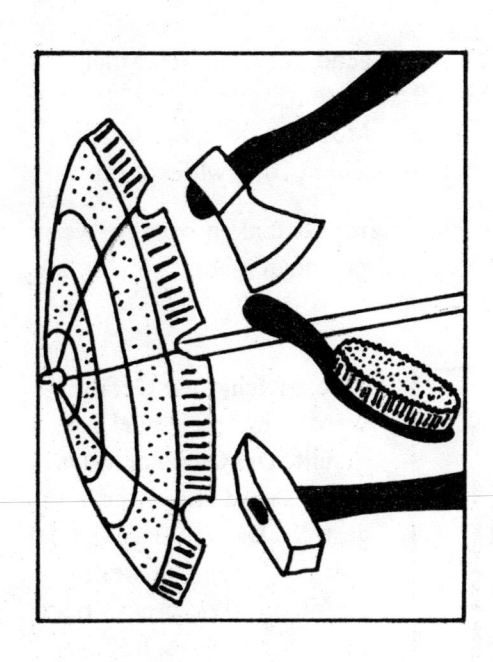

Die Frage- und Ratespiele sollen das Kapitel „Eigenschaften und Strukturen" abschließen. Sie wenden sich an Kinder, die die Eigenschaften der Dinge und Personen kennen und die über eine hinreichende sprachliche Fähigkeit verfügen.

Die Grundidee dieser Spiele besteht darin, daß der Spielleiter einen Gegenstand erfragen läßt.

1) Der Gegenstand wird in ein Stoffsäckchen gelegt. Der Rater erfühlt ihn und sagt, was er glaubt, daß es sei.

2) Der Spielleiter hält den zu erratenden Gegenstand hinter seinen Rücken und nennt einige Merkmale, die für ihn charkteristisch sind. Die Mitspieler sollen erraten, um was es sich handelt.

3) Ein wohlbekanntes Ding liegt für die Mitspieler nicht sichtbar hinter einem aufgespannten Schirm. Die Mitspieler dürfen Fragen stellen hinsichtlich der Eigenschaften, der Materialbeschaffenheit usw. Der Spielleiter beantwortet die Fragen korrekt, ohne die Bezeichnung des betreffenden Gegenstandes zu nennen. Wie lange dauert es, bis die Kinder den Gegenstand erraten haben?

4) Der Spielleiter hält eine Abbildung eines Gegenstandes so hoch, daß nur ein Teil des Dinges zu sehen ist. Wird der Gegenstand jetzt schon erraten? Ansonsten werden nacheinander immer mehr Teile der Abbildung zum Betrachten freigegeben, bis die richtige Bezeichnung genannt wird.

Beziehungen

Das Kind auf dem Vorschulalterentwicklungsniveau lebt noch vorwiegend aus seiner Wahrnehmung und zieht auch aus der Wahrnehmung seine Schlüsse. Sein Bewußtsein ist von dem bestimmt, was es unmittelbar sieht. Das, was es jeweils im konkreten Moment sieht, hat Gültigkeit, auch wenn es einer vorausgehenden Wahrnehmung an eben demselben Ding widerspricht.

J. Piaget, auf dessen wissenschaftliche Untersuchungen sich viele unserer Gedanken stützen, weist auf die dominierende Rolle der Wahrnehmung in einem einleuchtenden Versuch hin.

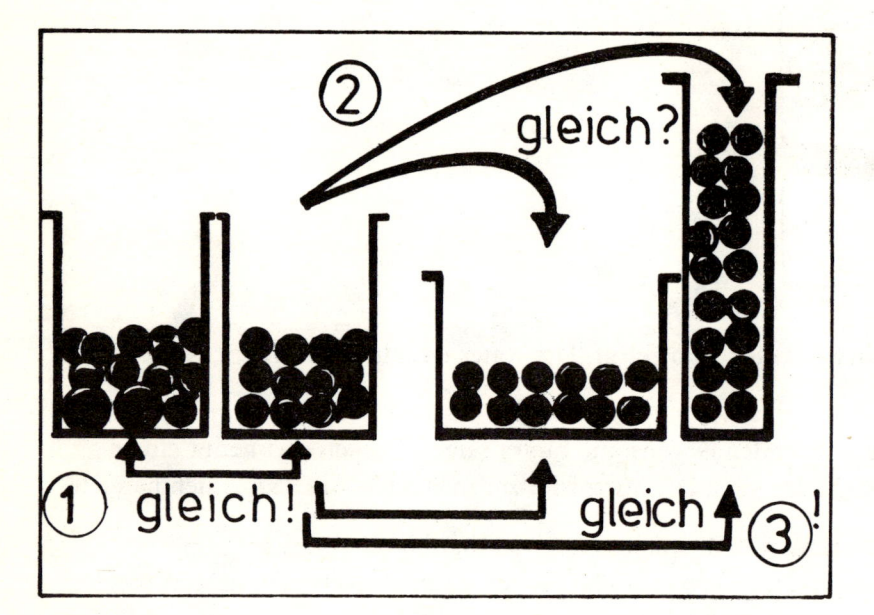

Zwei **gleichgroße** Gefäße werden mit **gleichviel** Perlen gefüllt. Die Gleichheit des Inhalts wird vom Kind festgestellt. Danach wird der Inhalt des einen Gefäßes in ein niedrigeres, breites oder in ein schmäleres, höheres Gefäß umgeschüttet. Die Kinder im Vorschulalter bestätigen nicht mehr die Gleichheit.

DIE KINDER DIESES ENTWICKLUNGSALTERS SETZEN DIE HÖHE UND BREITE IN KEINE LOGISCHE BEZIEHUNG ZUEINANDER.

DIE MENGEN WERDEN NACH DEN WAHRGENOMMENEN, UNTEREINANDER **NICHT KOORDINIERTEN BEZIEHUNGEN GEWERTET.**

Wenn die Abhängigkeit von der äußeren Wahrnehmungsgestalt das Feststellen der Gleichheit zweier Mengen beeinträchtigt, bedeutet das, daß wir eine Vielzahl von Spielen, bei denen BEZIEHUNGEN im Mittelpunkt stehen, anbieten. Erst durch eine Vielzahl von Handlungen und Handlungserfahrungen wird das Kind von seiner globalen Sichtweise mehr und mehr Abstand nehmen und auch logische Aspekte in seine Entscheidung mit aufnehmen.

Intensitätsbeziehungen

Ein Merkmal, eine Eigenschaft, eine Beziehung usw. kann mehr oder weniger intensiv vorhanden sein. Dementsprechend wird es auch wahrgenommen werden. Ein leiser, fast kaum hörbarer Ton kann bis zu einem ohrenbetäubenden Krach gesteigert werden. Das letztere Ereignis ist **lauter** als das erstere. Die Menge ,,5" besitzt **mehr** Einzelglieder als die Menge ,,2". Der große Ball besitzt ein **größeres** Volumen als der **kleinere**.

Das Bewußtwerden der Intensität eines Pähnomens (Farbe, Fortbewegung, Gewicht), das sinnlich unterschieden werden kann, stellt somit ein weiteres Glied in der Entwicklung des quantitativen Denkens dar.

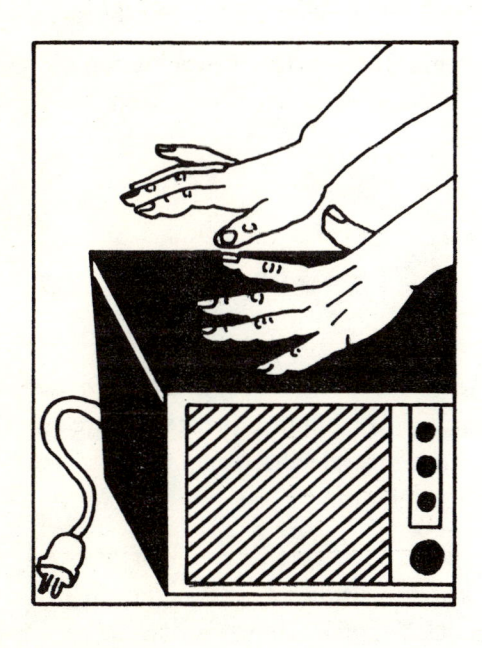

Mach laut! Mach leise!

Ein Geräusch, ein Laut, ein Klang kann laut oder leise sein, je nachdem wie intensiv sie erzeugt werden.

Wir machen die Kinder auf die Lautstärkeunterschiede aufmerksam und verbinden das akustische Phänomen mit dem entsprechenden Wort.

Was kann in der Umgebung des Kindes alles laut und leise sein? Wir nehmen als Beispiel das Radio. Zuerst drehen wir die Lautstärke weit auf, halten uns die Ohren zu und rufen: *,,Laut! Das Radio ist laut!"* Dann drehen wir die Lautstärke zurück, legen den ausgestreckten Zeigefinger vor den Mund und sagen: *,,Leise! Das Radio ist leise!"*

Um zu sehen, ob das Kind den Inhalt der Begriffe verstanden hat, soll es folgende Aufträge ausführen:

,,Mach laut! Mach das Radio laut!"
,,Mach leise! Mach das Radio leise!"

Lautes und leises Bewegen

Die Wörter „laut" und „leise" sind den Kindern bekannt. Sie sollen in den unterschiedlichsten Situationen angewandt werden.

Beispiel:
Der Erwachsene besorgt sich ein Tamburin und bewegt sich entsprechend seines Aufschlags laut stampfend und polternd durch den Raum oder leise wie auf Katzenpfoten. Zur deutlichen Unterscheidung spricht er dazu:

„Leise, leise. Ich gehe ganz leise durch den Raum. Pst, alle sind still!"

Nach einer kurzen Weile ändert er sein Verhalten:

„Laut, laut! Hört ihr, wie laut ich auf die Trommel schlage und wie laut ich durch das Zimmer stapfe!"

Die Kinder werden ermuntert, es dem Erwachsenen gleichzutun.

Namen flüstern

Beim Flüstern werden die Laute leise ausgesprochen, das Klangbild wird verändert. Die hochfrequenten Laute (s, t, sch, z) sind beim Flüstern viel schärfer und prägnanter zu hören als alle anderen Laute.

Das Kind muß also, wenn es das geflüsterte Wort verstehen will, ein wenig kombinieren und fantasieren. Beim lauten Aussprechen des Namens „Hans" ist das „a" deutlich zu hören, es stellt eine gewisse Dominante im Klangbild dar. Anders beim Flüstern. Hier tritt das „a" zurück und das „s" drängt sich in den Vordergrund.

Die Kinder stellen sich in einer Reihe auf. Ein Mitspieler tritt drei bis fünf Schritte vor und flüstert, ohne sich umzudrehen, einen Namen der Mitspieler. Hat dieser seinen Namen verstanden, stellt er sich neben den Sprecher. Das Flüstern wird solange durchgeführt, bis alle Kinder an der Reihe waren.

Variation:
Auf dem Tisch vor den Kindern liegen verschiedene Gegenstände. Ein Kind flüstert den Namen eines Gegenstandes und derjenige, der ihn verstanden hat, darf ihn wegnehmen.

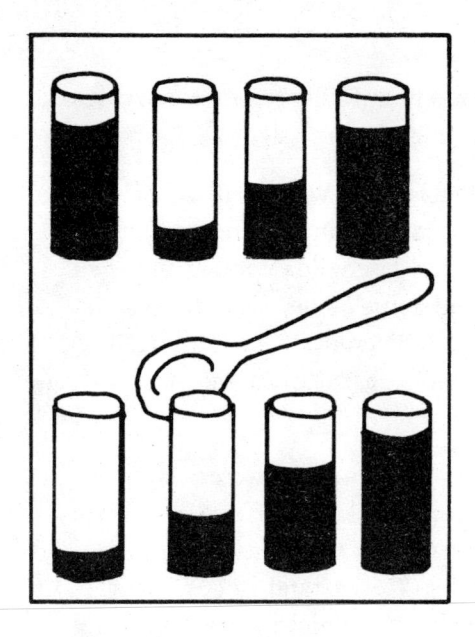

Klingt es gleich oder nicht gleich?

Beim Anschlagen eines mit Wasser gefüllten Glases entsteht ein charakteristischer Ton. Je mehr Wasser sich im Glas befindet, desto heller wird der Ton.

Wir stellen zwei Reihen mit je drei bis vier Gläser auf den Tisch und füllen immer zwei gleich hoch mit Wasser auf, d.h. aus jeder Reihe klingt ein Glas wie eines aus der anderen Reihe. Es ist nur die Frage: „Welche Gläser klingen gleich?"

Wir schlagen ein Glas mit einem Kaffeelöffel sachte an und versuchen durch Hörvergleich, das betreffende in der Parallelreihe zu finden. Dann ordnen wir die gleichklingenden Gläser einander zu.

Variation:
Anstelle von mit Wasser gefüllten Gläsern nehmen wir Büchsen, die mit Sand, Maiskörnern und Kieselsteinen gefüllt sind.

Hohe und tiefe Töne

Das Kind wurde in den vorgenannten Spielen schon mehrmals auf die unterschiedlichen Tonqualitäten aufmerksam gemacht.

Jetzt soll es die Tonhöhe nicht nur erkennen, benennen oder orten, sondern auch selbst herstellen können.

„Bernd, schau, was ich hier habe. Ein Glockenspiel. Zuerst schlage ich auf diese Stelle. Hörst du, wie es klingt? Ganz hoch! Nun schlage ich auf die entgegengesetzte Seite. Hör! Es klingt tief! Hör gut zu und schau, wie ich es mache. Hier ist „hoch" und hier ist „tief". Da ist der Schlegel. Versuch es selbst!"

Zeigt das Kind hierbei noch Schwierigkeiten, führt der Erwachsene die Hand des Kindes und erzeugt zusammen mit ihm hohe und tiefe Töne.

schwer – leicht

Unterschiede müssen sehr auffällig sein, wenn das Kind sie erfassen soll.

Wir rollen einen aufgeblasenen Wasserball ins Zimmer und ermuntern das Kind, ihn zurückzurollen, ihn auf den Stuhl, das Sofa, den Tisch, den Schrank zu legen. Das bereitet dem Kind keine Mühe, denn der Wasserball ist leicht. Jedesmal, wenn das Kind eine Handlung ausführt, spricht der Erwachsene dazu und weist auf das Leichtsein hin.

Danach wird das Kind mit etwas Schwerem konfrontiert. Dies kann ein vollgepackter Koffer, ein Einkaufskorb oder ein schweres Paket sein. Wieder wird das Kind ermuntert, sich mit dem Gegenstand zu beschäftigen. Es wird merken, daß es den Korb nicht so ohne weiteres auf den Tisch stellen kann. Der Korb ist schwer. Jetzt stellen wir den leichten und den schweren Gegenstand nebeneinander und vergleichen beide.

Was ist schwerer?

Es gibt schwere und es gibt leichte Dinge. Das weiß das Kind. Weiß es aber auch, daß es schwere und noch schwerere Dinge gibt?

Zu diesem Zweck füllen wir zusammen mit dem Kind drei Plastiktüten mit Sand. In die erste geben wir nur ein Schäufelchen Sand hinein, in die zweite schon beträchtlich mehr, so daß sie vom Kind als schwerer empfunden wird. Die dritte Tüte füllen wir mit noch mehr Sand. War die zweite Tüte schon schwer, so ist die letzte sehr schwer.

Wir stellen die drei Tüten auf den Rand des Sandkastens und fordern das Kind auf, nacheinander alle Tüten hochzuheben und dann zu sagen, welche Tüte die schwerste ist.

Variation:
Mit Hilfe einer Waage kann der Gewichtsunterschied den Kindern augenscheinlich gezeigt werden. Der Einsatz der Waage bietet sich vor allen Dingen dann an, wenn die Gewichtsunterschiede durch Hochheben nicht mehr eindeutig ermittelt werden können.

Als ich klein war

Die eigene Person wird als Maßstab genommen. Das Kind ist „groß". Es gab jedoch eine Zeit, da war das Kind „klein".

Wir suchen nach einem Babybild und den noch übrig gebliebenen Höschen und Jäckchen aus der Säuglingszeit und legen sie neben Kleidungsstücke aus der Jetztzeit. Der Unterschied ist augenfällig.

„Heute bist du ein großer Junge. Du hast eine große Hose und eine große Jacke. Aber schau! Als du klein warst, war deine Hose auch klein. Die Jacke war klein, die Strümpfe waren klein. Was war noch klein? Sage oder zeige es mir!"

Nach den ersten mehr einführenden Gesprächen sortiert das Kind die kleinen Sachen und die großen Sachen. Es legt jeweils eine kleine Hose neben eine große, einen kleinen Strumpf neben einen großen.

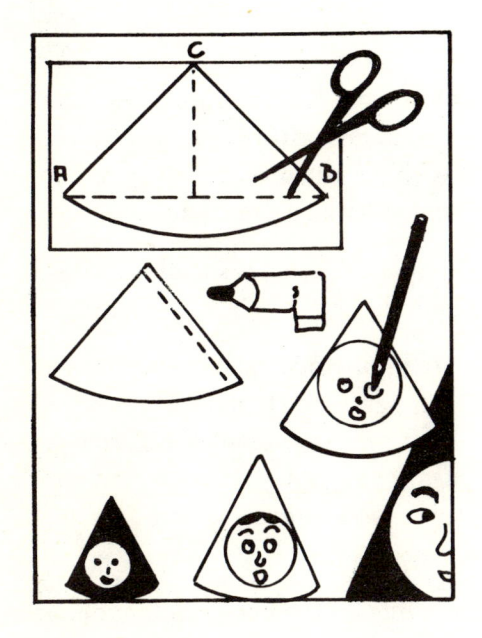

Kleine und große Tütenmännchen

Wir basteln kleine und große Tütenmännchen.

Für das große Männchen nehmen wir ein DIN A 4 Blatt, stellen durch einen Knick die Mitte fest und ziehen in 5 cm Abstand vom unteren Rand eine Linie quer über das Blatt (s.Abb.). Nun zeichnen wir mit einem Zirkel oder mit der freien Hand einen Halbbogen von Punkt A nach Punkt B und verbinden die Punkte A, C und B. Den so entstandenen „Kegel" schneiden wir aus und malen vor dem Zusammenkleben noch ein lustiges Gesicht auf die Papierfläche.

Das kleine Tütenmännchen wird mit einem DIN A 5 Blatt gestaltet. Es ist genau um die Hälfte kleiner als das größere Männchen. Zum Spielen legen wir kleinere und größere Gegenstände auf den Tisch und setzen unser Männchen darauf.

„Das kleine Männchen sitzt auf dem Würfel. Das große Männchen sitzt auf dem Becher. Worauf kann sich das große Männchen noch setzen?"

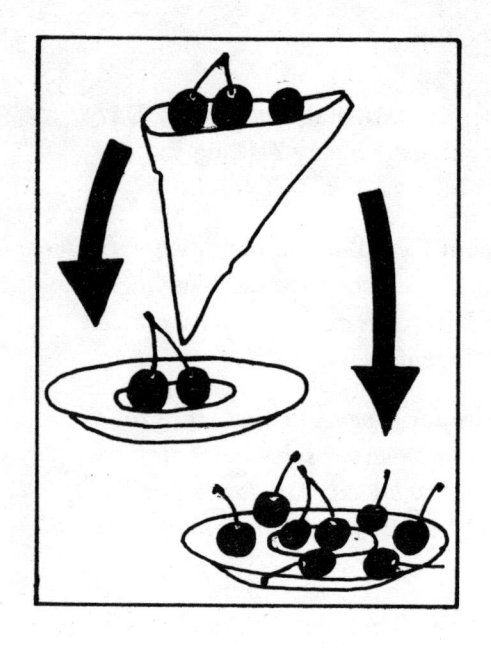

wenig – viel

Der Erwachsene hat eine Tüte Kirschen mitgebracht. Er stellt zwei Teller auf den Tisch, legt auf den ersten zwei und auf den anderen den Rest der Kirschen. Ohne etwas zu sagen, deutet er auf die beiden unterschiedlichen Mengen. Lassen sich die Kinder durch dieses Arrangement nicht zu spontanen Äußerungen ermuntern, wird der Erwachsene auf die Ungleichheit der Mengen hingewiesen.

„Da sind wenig Kirschen! Da sind viele Kirschen!" Die Kinder sollen die Situation ebenfalls versprachlichen. Jetzt holen die Kinder ihre Teller. Der Erwachsene gibt einigen wenig, den anderen viel. Wie reagieren die Kinder, wenn es um ihren persönlichen Anteil geht?

„Peter hat wenig! Kurt hat viel!" Der Ausgleich wird wieder hergestellt. (s. Stück-für-Stück-Zuordnung)

Variation:
Jedes Kind soll eine gleichlange Perlenkette auffädeln. Sie erhalten aber unterschiedlich viel Perlen. Wie reagieren die Kinder auf dieses augenscheinliche Mißverhältnis?

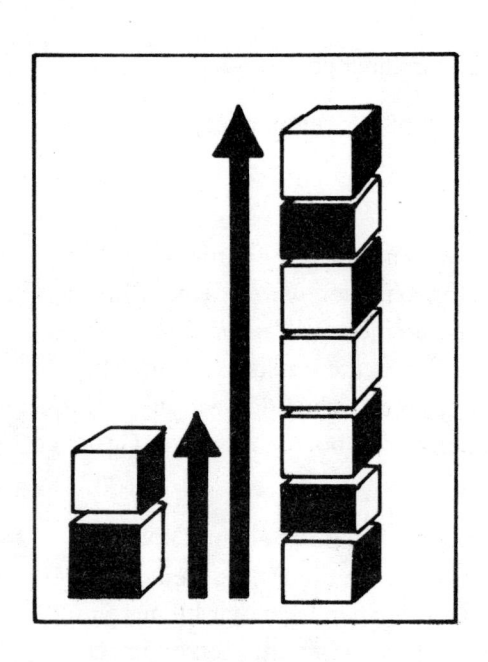

hoch – niedrig

Unser Anliegen ist, daß sich das Kind mit grundlegenden und allgemeinen Strukturen des mathematischen Bereichs auseinandersetzt und auch die entsprechenden sprachlichen Begriffe erlernt und situationsgerecht anwendet.

Die hier beschriebenen Spiele sollen das sprachlich-begriffliche Werkzeug dazu liefern.

Die Kinder bauen spontan mit Bausteinen einen Turm auf einem gemeinsamen Gruppentisch. Hernach werden die Gebilde betrachtet. Es wird niedrige und hohe Türme geben. *„Wer hat einen niedrigen und wer hat einen hohen Turm gebaut? Michael was für einen Turm hast du gebaut? Ist der niedrig oder ist er hoch?"*

Der Ersachsene zeigt ein Bild, auf dem ein Einfamilienhaus neben einen Hochhaus steht. Welches Haus ist niedrig und welches ist hoch?

„Was ist in unserem Zimmer alles niedrig und was hoch?"

gleichviel – nicht gleichviel

Die Gleichheit einer Menge von Dingen kann auf verschiedenerlei Weise von den Kindern festgestellt werden:

1) Der wahrnehmungsmäßige Eindruck bestätigt die Gleichheit. Bei größeren Mengen können jedoch kleinere Unterschiede nicht mehr festgestellt werden.

2) Die beiden Ansammlungen werden mit Hilfe einer Waage miteinander verglichen. Neigt sich ein Waage- oder Balkenteil auf eine Seite, so ist eine der Mengen schwerer und damit auch größer, sofern es sich überall um die gleichen Elemente handelt.

„Auf jeder Seite der Wippe sitzen drei Männchen. Sind es überall gleichviel auf beiden Seiten? Mach, daß es gleichviel sind!"

3) Stück-für-Stück-Zuordnung (s.d.)

4) Abzählen (s.d.)

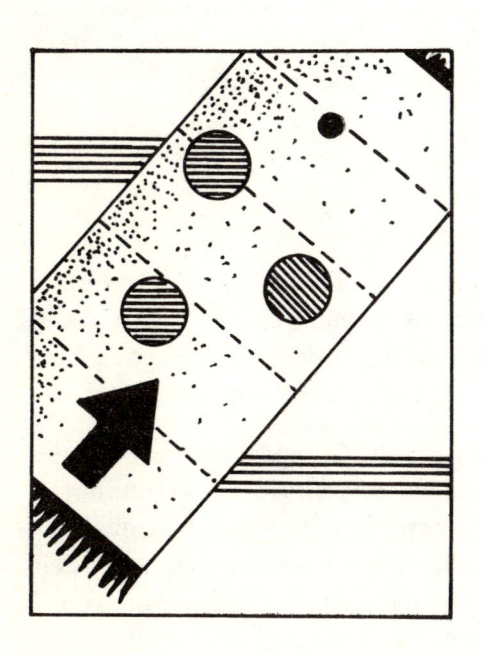

Teppichboccia

Im Raum liegt ein länglicher Teppich mit Streifenmuster. Wir versammeln die Kinder um uns und erzählen ihnen, daß wir ein Spiel, bei dem es auf Ziel- und Treffsicherheit ankommt, spielen werden. Der Erwachsene rollt eine kleinere Holzkugel weit über die Mitte des Teppichs hinaus. Dann gibt er jedem Kind eine andersfarbige Holzkugel in die Hand und ermuntert sie, ihre Kugel so nahe wie möglich an die kleine Kugel heranzurollen. Die Kinder werden mit Eifer und Konzentration ihre Kugel wegrollen.

Wessen Kugel kommt der kleinen am nächsten?

Da alle Kugeln auf einem Streifenmuster liegen, kann erst einmal mit dem Augenmaß die jeweilige Entfernung festgestellt werden. Später legen wir Papierstreifen aus und vergleichen durch Nebeneinanderlegen, welcher Streifen der kürzeste und welcher der längste ist.

Zweierbeziehung

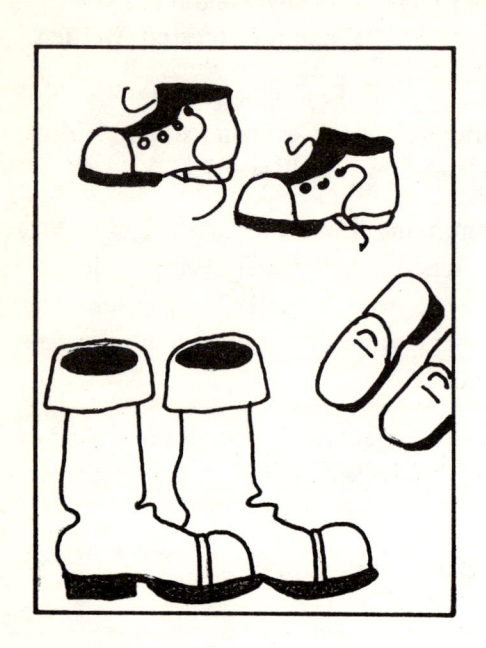

Schuhe paarweise ordnen

Alle Kinder ziehen ihre Schuhe aus und legen sie in der Mitte des Zimmers auf einen Haufen.

1) Ein Kind versucht, die Einzelschuhe wieder zu Paaren zu ordnen.

2) Ein anderes Kind überlegt, wem die Schuhpaare gehören und bringt sie dem Eigentümer zurück.

Variation:
Die Schuhe werden erneut in der Mitte auf einen Haufen gelegt und zu Paaren geordnet. Dem Zuordner werden jedoch zur Erschwerung die Augen verbunden. Er soll allein aufgrund der Tasteindrücke die zwei zusammengehörenden Schuhe finden. Zwei passen immer zusammen.

Paare bilden

Der Erwachsene erzählt die biblische Geschichte von Noah und der großen Überschwemmung und wie dieser von Gott den Auftrag erhalten hat, ein großes Hausboot zu bauen und von allen Tieren je ein Paar mitzunehmen.

Wir teilen die Kinder in zwei Gruppen. Die eine Gruppe soll aus Bauklötzchen ein großes mächtiges Hausboot bauen. Die andere Gruppe soll von den Tieren, die in unterschiedlicher Anzahl im Raum verteilt sind, jeweils ein Paar zusammensuchen und sie zum Hausboot bringen. Vor dem großen Boot wird noch einmal Heerschau gehalten. Sind von allen Tieren ein Paar vorhanden? Fehlt irgendwo eines? Wenn alle Tiere paarweise vorhanden sind, können sie in das Boot marschieren.

Nach der Zeit des „Großen Regens" verlassen die Tiere paarweise die Arche. Angeregt von der biblischen Geschichte spielen die Kinder selbst das „Arche-Noah-Spiel". Sie laufen frei im Zimmer umher, finden sich nach einer Zeit paarweise zusammen und begeben sich in den Stuhlkreis zum Ausruhen.

Paare ablegen

Ein einfaches Kartenspiel, das die Kinder gerne spielen, ist das „Paare ablegen". Der Erwachsene schneidet gleichgrosse Kartonkarten zurecht und malt auf jeweils zwei das gleiche Motiv, sofern er nicht auf die im Spielwarenhandel vorhandenen Spielkarten zurückgreifen möchte.

In der Mitte des Tisches liegt ein Stoß Karten. Jeder Mitspieler hebt drei bis vier Karten ab. Besitzt er zwei Bilder mit dem gleichen Motiv, d.h. besitzt er ein Paar, darf er dieses ablegen. Reihum darf sich jeder von dem Stoß in der Mitte eine Karte nehmen. Hernach soll immer der rechte Spieler von linken eine Karte ziehen.

Wer zuerst keine Karten mehr hat, ist „Paarsieger". Wer die meisten Paare abgelegt hat, ist „Rundensieger".

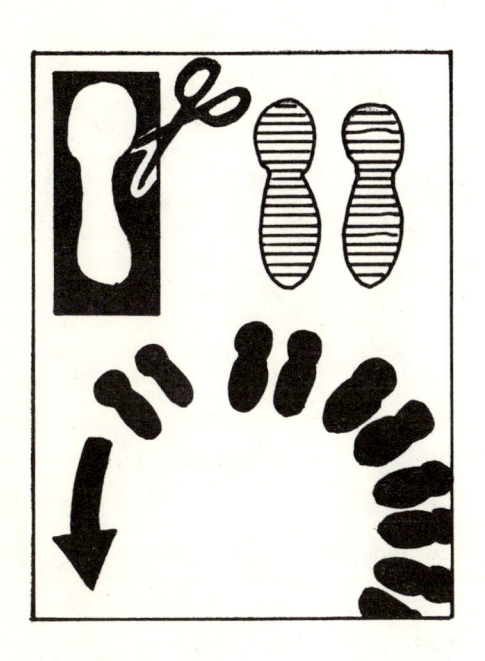

Paare herstellen

Dies ist ein sehr lustiges und amüsantes Spiel, weil jeweils etwas Individuelles vom Kind selbst hergestellt werden kann. Das Kind stellt sich mit den Schuhen oder barfuß auf ein Stück Karton. Der Erwachsene oder ein zweites Kind zeichnen die Umrisse der Füße nach. Mit einer Schere werden dieselben ausgeschnitten. Schließlich schreiben wir auf jedes Fußpaar noch die Namen der Kinder. Jeder hält seine Schuhgröße oder seine Fußumrisse in der Hand. Die Größen und Formen werden miteinander und untereinander verglichen.

Danach zieht der Erwachsene in der Mitte des Raumes einen Kreis und fordert alle Kinder auf, ihre „Fußumrisse" entlang der Linie hinzuzulegen. Wir sprechen darüber.

„Diese beiden Füße gehören der Ursula. Schaut, was die Ursula für große Zehen hat!"

„Alle Schuhgrößen stehen im Kreis. Wer findet sein „Paar" wieder?"

Reihenbildung

Bei der Reihenbildung müssen Gegenstände aufgrund einer gewissen Ordnungsvorgabe in eine Reihe gebracht werden. Weil dieser Denk- und Experimentiervorgang auf einem Vergleichenkönnen beruht, fällt die Reihenfolge den Kindern schwerer als die Gruppenbildung. Dort haben sie nur zu entscheiden, ob ein Gegenstand die gefragte Eigenschaft besitzt oder nicht, hier müssen sie die einzelnen Dinge in eine Beziehung zueinander bringen.

Der bekannte Psychologe J. Piaget hat sich hierzu ein interessantes Experiment, das Aufschluß über die sich entwickelnde Denkweise der Kinder gibt, ausgedacht. Er gab den Kindern einige Puppenkleider aus Papier und bat sie, diese auf eine Leine zu hängen. Dann forderte er die Kinder auf, andere Puppenkleider in derselben Reihenfolge auf eine zweite Leine zu hängen. Er konnte vier Entwicklungsstadien beobachten:

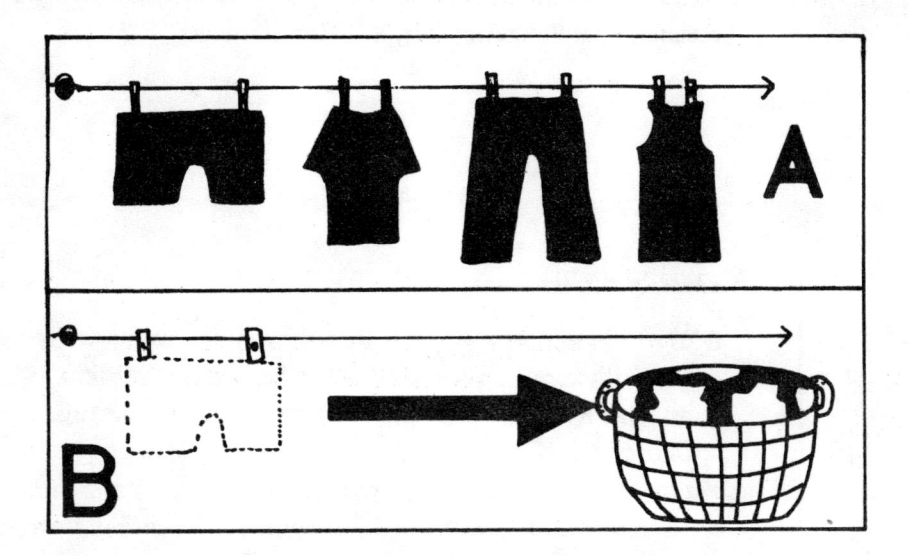

1) Kindern unter drei Jahren gelang das Experiment gar nicht. Sie konnten gleiche Stücke zusammenhängen — Hemd zu Hemd —, doch sie konnten sie nicht in die richtige Reihenfolge bringen. Sie hatten noch keine Vorstellung von einer festgelegten Reihenfolge.

2) Kinder unter fünf Jahren gelang es nur, Teile einer Reihe zu bilden, aber nicht die vollständige Reihe.

3) Zwischen fünf und sechs Jahren konnten die Kinder die Reihe bilden, indem sie ausprobierten und die Teile miteinander verglichen.

4) Mit sieben Jahren konnten sie die Reihe sicher bilden und sogar die Dinge nach der Größe ordnen.

Zufällige Reihung

Ineinandersteckspiel

In der allerersten Entwicklungsphase stellen die Kinder die Dinge noch nicht in einer Reihe auf. Erst allmählich ergibt sich da und dort eine Reihung. Wir gehen darauf ein und heben diese Art des Tuns durch unsere Beachtung stärker ins Bewußtsein.

„Aha, du hast alle Becher in einer Reihe hintereinander aufgestellt. Zuerst kommt der rote Becher, dann der blaue und zum Schluß hast du den gelben Becher hingestellt. Ein Becher und noch ein Becher und noch ein Becher. Schau, was ich jetzt tue! Ich werfe in den ersten Becher eine Kugel! Plumps! . . . . Hole die Kugeln wieder aus den Bechern und lasse sie auch hineinplumpsen!"

Variation:
Wir legen drei bis vier Gummibärchen hintereinander auf den Tisch. Das Kind soll sie durch Darüberstülpen eines Bechers verschwinden lassen.

Güterzug zusammenstellen

Beim Zusammenstellen eines Güterzuges ergibt sich aus der Sache heraus eine natürliche Reihung. Ein Waggon muß an den anderen angehängt werden.

In der Mitte des Raumes häufen wir einen Berg Muggelsteine auf und geben allgemein bekannt, daß die Bundesbahn den Auftrag erhält, die Fracht zu besorgen. Damit dies auch gelingen kann, malen wir mit Kreide zwei parallellaufende Striche als Geleise auf den Boden. In der anderen Zimmerecke stehen wahllos die Lok und die Waggons. Fühlt sich das Kind angesprochen, wird es einen Waggon an den anderen hängen, d.h. eine Reihung herstellen.

Variation:
Mit Bauklötzchen wird eine Straße gebaut. Auf der Straße dürfen Autos nur hintereinander fahren. Im Sandkasten erklimmen die Tiere den steilen Paßweg, indem sie eins hinter dem anderen gehen.

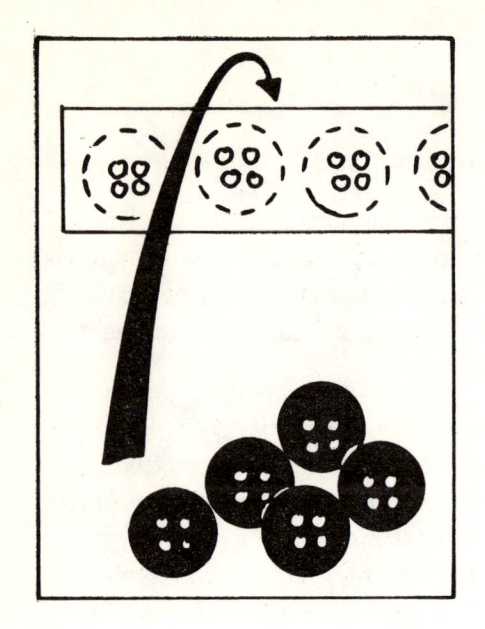

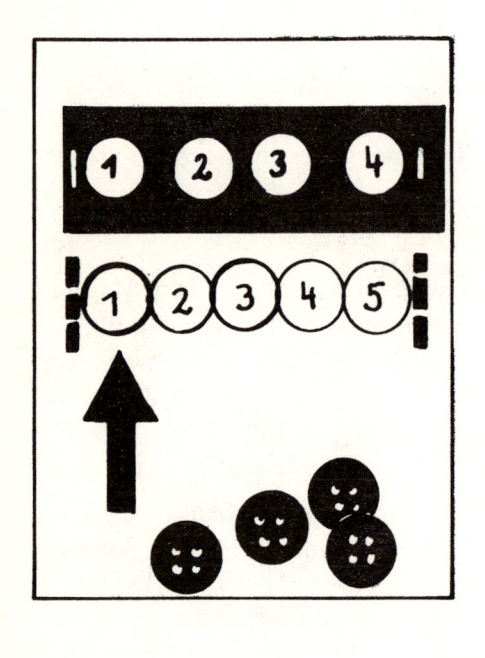

Knöpfe reihen

Versuch: Das Kind erhält den Auftrag, Knöpfe auf eine Vorlage zu legen (s.Abb.). Es lassen sich drei Entwicklungsniveaus unterscheiden.

1) Das Kind sieht noch nicht die „Grenzen" der vorgegebenen Menge. Es legt zwischen die Knopfmodelle und sogar über den Kartenrand hinaus.

SIE NEHMEN DIE GESAMTHEIT ALS EINE UNBESTIMMTE VIELHEIT WAHR.

2) Die Kinder sehen die Begrenzungen und legen die Knöpfe **auf** die vorgegebene Reihe, jedoch wird die Anzahl der Knöpfe nicht gleich sein, d.h. sie legen auch in die Zwischenräume, aber nicht mehr über den Rand der Reihe hinaus.

3) In der Regelentwicklung kann das Kind mit etwa 3,0 — 3,6 Jahren 5 Knöpfe richtig auf die Vorlage legen. Wenn die Aufgabe darin besteht, die Knöpfe in der gleichen Anzahl wie auf der Vorlage **unter** die Abbildungen zu legen, beachten die Kinder die Zwischenräume nicht und legen meistens eine größere Anzahl Knöpfe dicht nebeneinander.

KLEINKINDERN FÄLLT ES SCHWER, EINE MENGE GLEICHARTIGER GEGENSTÄNDE GLEICHZEITIG IN IHREN GRENZEN UND ALS EINHEIT ZU SEHEN.

Die Ausdifferenzierung dieser noch unbestimmten Wahrnehmung kann im positiven Sinne vom Erwachsenen beeinflußt werden:

1) Dinge werden zu einer vorgegebenen Menge dazu gelegt.

2) Elemente werden von einer vorgegebenen Menge weggenommen.

3) Dinge werden auf vorgegebene Abbildungen gelegt.

4) Dinge werden nebeneinander in eine Reihe gelegt.

Alle meine Entchen

Die Kinder lernen das Lied: *„Alle meine Entchen..."*

1) Sich an der Hand fassend laufen sie in einer langen Kette im Zimmer umher und nicken bei der entsprechden Stelle mit dem Kopf oder heben ihr Hinterteil nach oben.

2) Die Kinder stellen sich in einer Reihe auf, klatschen im Rhythmus in die Hände und führen die vorgenannten Bewegungen aus.

3) Auf einer langen schmalen Papierrolle malen die Kinder eine Mutterente mit vielen kleinen hinterher schwimmenden Entenkindern.

4) Der Erwachsene malt mit Hilfe einer Schablone die Umrisse von Enten auf Karton und läßt die Umrisse ausmalen und ausschneiden. Die Kartonenten können dann in beliebiger Konfiguration angeordnet werden.

Matrjoschkas

Matrjoschkas sind russische Ineinandersteckpuppen. Jede Puppe mit Ausnahme der Kleinsten ist in vertikaler Ebene teilbar. Immer wenn die Puppe geöffnet wird, kommt eine noch kleinere zum Vorschein.

Für die Kinder ist es faszinierend, wenn aus der einen großen Puppe noch vier oder fünf weitere sichtbar werden. Da gibt es große, mittlere und kleine Puppen. Die größte Puppe ist die Mutter, dann kommen die vielen Kinder. Sie stehen da wie die Orgelpfeifen, in einer Reihe. Zuerst kommt die Größte, dann die etwas Kleinere usw.

Die gleiche Aufstellung muß auch eingehalten werden, wenn die Familie an der Kinokasse ansteht, wenn sie im Supermarkt an der Kasse vorbeigehen will. In Rollen- und Fantasiespielen werden verschiedene Situationen geschaffen, in denen das Kind eine Reihung ausführen kann.

Abfolgen

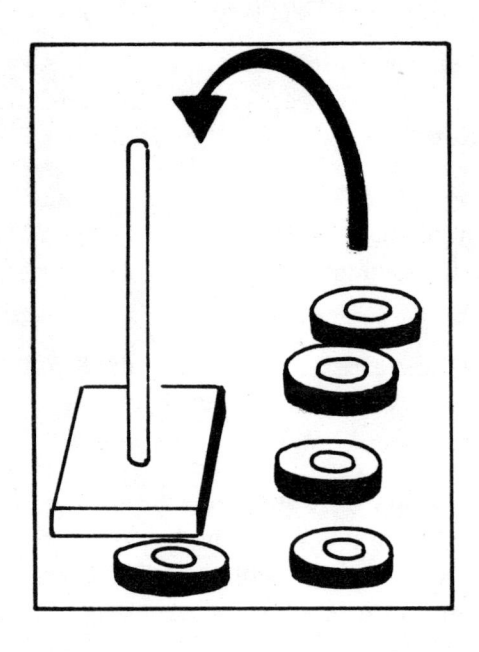

Gleiche Abfolge

Jeder der beiden Spielpartner hat ein Steckspiel vor sich stehen. Der Erwachsene erklärt die Spielregeln: *„Bei mir liegen drei Steckscheiben und bei dir liegen drei. Eine rote Scheibe, eine blaue Scheibe und eine gelbe Scheibe. Ich nehme die rote Scheibe und stecke sie als erste auf. Mache es genauso wie ich. So jetzt kommt die blaue an die Reihe. Du machst immer das, was ich tue! . . . ."*

Variation:
Die Nachahmung erfolgt nicht mehr eins um eins, sondern der Erwachsene steckt seine drei Scheiben auf einmal auf und ermuntert das Kind, es ihm in einem Zug nachzutun.

Die Rollen werden getauscht. Das Kind steckt die Scheiben in einer gewissen Reihenfolge auf und der Erwachsene ahmt es nach.

Schuhschachtelzug

Die leeren Schuhschachteln werden nicht weggeworfen. Mit Hilfe einer Kordel werden die einzelnen Schachteln zu einem Zug zusammengestellt.

Der „Güterschachtelzug" steht zur Abfahrt bereit. Wie soll er beladen werden?

Beispiel:
Der Erwachsene macht einen Vorschlag. *„In den ersten Waggon legst du den Ball, dann kommt der Teddybär an die Reihe und in den letzten Waggon kannst du die Puppe setzen."*
Ein andermal wird die Anzahl der Gegenstände, die verladen werden sollen, erhöht. In jeden Waggon kommen zwei Dinge.

Die Abfolge des Abladens wird festgelegt: *„Wenn du am Sofa vorbeikommst, lädst du den Ball ab, am Stuhl die Puppe und am Schrank den Teddybär! Hast du dir auch alles gut gemerkt?"*

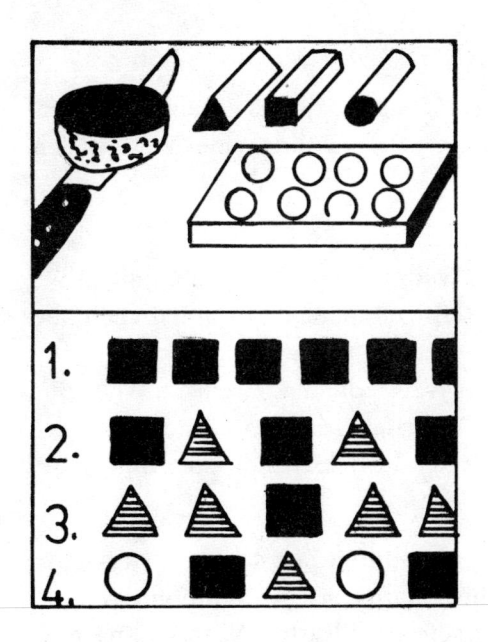

Verzierte Grußkarten

Wir drucken für Geburtstage, Weihnachten, Ostern usw. Glückwunsch- und Grußkarten. Wie die Kartoffelstempel mit einfachen Mitteln schnell hergestellt werden können, haben wir schon an anderer Stelle beschrieben (s.d.). Wir besorgen uns Kartonpapier, schreiben einen Gruß oder einen Glückwunsch darauf und ermuntern das Kind, mit uns gemeinsam den Rand zu verzieren.

Die Reihenfolge der Formen und Farben wird festgelegt:

a) Es werden lauter Dreieckstempel verwendet.

b) Mit dem Dreieck- und dem Viereckstempel abwechselnd stempeln.

c) Entweder verwenden wir immer die gleiche Farbe oder wir wechseln ab.

Bevor wir eine Glückwunschkarte verzieren, probieren wir das Stempeln auf einem neutralen Blatt Papier aus. Sind wir mit dem Ergebnis zufrieden, kann die Arbeit beginnen.

Fingerdruck

Das Drucken mit den Fingern ist bei den Kindern eine sehr beliebte Beschäftigung. Die Kinder brauchen nur ihren Zeigefinger oder Daumen mit Fingerfarbe, Druckfarbe oder Tinte benetzen und dieselben auf ein saugfähiges Papier zu drücken. Der Fingerabdruck mit jeder einzelnen Hautrille ist zu sehen.

Wir drucken drei bis vier Fingerabdrücke hintereinander und verbinden jeden einzelnen mit einem Strich. Auf den ersten Abdruck zeichnen wir zwei Ohren, ein Auge und an den letzten fügen wir ein Schwänzchen an. Ein „Teilchenwurm" ist entstanden. Drücken wir den Daumen auf das Papier, entsteht ein breiterer, runder Abdruck. Auch diesen können wir durch einige Striche und Zugaben in Männchen, Eulen, Mäuschen usw. verwandeln.

Auf diese Weise kann eine ganze Mannschaft und sogar eine ganze Armee hintereinander aufmarschieren.

Wetterkalender

Eine Abfolge, die auf längere Zeit das genaue Einhalten einer Abfolge verlangt, ist das Führen eines Wetterkalenders.

Vorgehensweise:

Wir beobachten das Wetter und sprechen über die charakteristischen Wetterphänomene wie Sonnenschein, bewölkter Himmel, Regen und Wind. Dann zeichnen wir uns Symbolkarten (s.Abb.), die die jeweiligen Wettereigenschaften zum Ausdruck bringen und stellen schließlich noch ein Raster mit 30 Feldern, die so groß wie die Symbolkarten sind, her.

Jeden Tag zu einer bestimmten Zeit schauen wir nach dem Wetter, entscheiden uns für eine Symbolkarte und heften sie in das vorgefertigte Raster. Nach und nach füllen sich die Felder und wir können genau sagen, welches Wetter an welchem Tag vorherrschte.

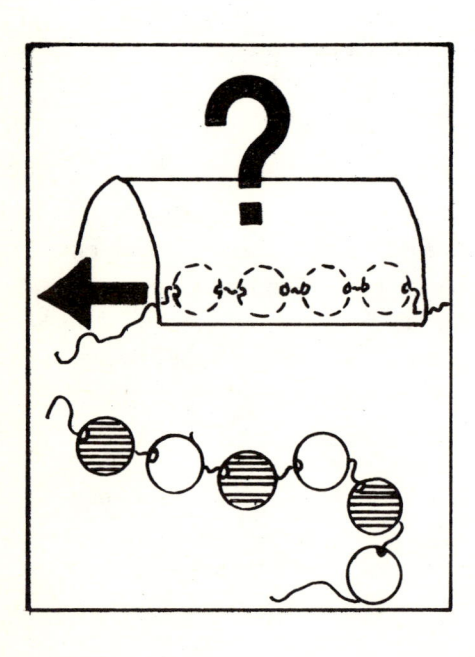

Was folgt?

Wahrnehmen, merken, vorwegnehmen, das sind die geistigen Fähigkeiten, die bei diesem Spiel angesprochen werden.

Der Erwachsene fädelt gemeinsam mit dem Kind eine Holzperlenkette mit vier bis fünf Gliedern auf. Die Farbabfolge (Formenabfolge) wird versprachlicht.

„Sage mir, welche Farbe zuerst kommt, und dann, und dann.... Merke dir die Reihenfolge genau." Der Erwa-Erwachsene nimmt die Kette und zieht sie durch eine Kartonröhre (unter einem Tuch). Das Kind soll sich auf das Spiel konzentrieren und jeweils sagen, welche Farbe die nachfolgend sichtbar werdende Holzkugel haben wird.

Variation:
Auf die Waggons eines Güterzuges werden unterschiedliche Gegenstände geladen. Das Kind soll später sagen, welcher Gegenstand nachfolgend am Tunnelausgang zu sehen sein wird.

Besteckkasten einräumen

Kinder sollen beizeiten in die häuslichen Pflichten und Arbeiten mit einbezogen werden. In der Regel gibt es hierbei keine Schwierigkeiten, weil die Kinder dies von sich aus gerne tun.

Nach dem Geschirrspülen und Abtrocknen muß das Geschirr und das Besteck wieder aufgeräumt werden. Damit alles seine Richtigkeit hat und der Besteckkasten schön aussieht, kippt der Erwachsene alles Besteck auf den Tisch, kleidet den Kasten mit neuem Papier aus und ermuntert das Kind, das Besteck wieder neu einzuräumen. Entweder gibt der Erwachsene die Ordnung der Einräumfächer vor oder das Kind darf die Ordnung selbst bestimmen. In das erste Fach werden die großen Löffel eingeräumt, dann folgen die großen Gabeln, die Dessertlöffel, die Kaffeelöffel, die Kuchengabeln . . . . (Vorsicht bei den Messern!)

Wer ist der Größte?

Wer ist der Größte in der Gruppe? Obwohl das Eigenschaftswort „lang" bei unserer Frage korrekter wäre, wird umgangssprachlich das Wort „groß" verwendet.

Wenn die Kinder sich in einer Reihe aufstellen, können sie selbst nicht die Größenunterschiede feststellen. Sie müssen sich ein anderes Verfahren des Vergleichens ausdenken.

Es stellen sich immer zwei Kinder nebeneinander. Die übrigen Kinder der Gruppe vergleichen die beiden und ermitteln den Größten. Dieser stellt sich auf die rechte Seite, der andere auf die linke. Nun werden die Kinder der rechten Seite nochmals paarweise verglichen. Dieses Verfahren wird solange durchexerziert, bis das „größte" Kind übrig bleibt.

Variation:
Alle Kinder stellen sich in einer Reihe an der Wand auf. Der Erwachsene stellt bei jedem die Körpergröße fest und markiert die Stelle mit einem Klebestreifen. Die Höhe einer jeden Marke kann verglichen und ausgemessen werden.

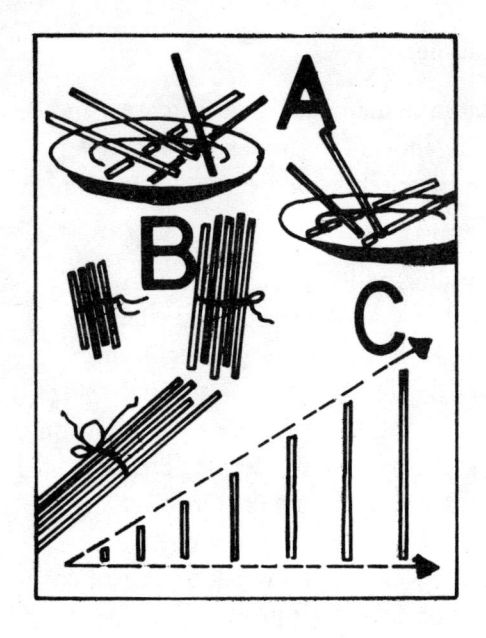

Trinkhalme reihen

Vom Kinderfest ist noch ein ganzer Bund farbiger Plastikhalme übrig geblieben. Was sollen wir damit anfangen? Die große Schwester hat eine Idee.

1) Die Strohhalme werden in der Art des Mikado-Geschicklichkeitsspiels auf den Tisch „geworfen" und die Mitspieler sollen versuchen, möglichst viele ohne zu wackeln wegzunehmen.

2) Die Strohhalme werden nach den Farben sortiert. Auf je eine Untertasse werden die Halme einer bestimmten Farbe glegt.

3) Ein Teil der Strohhalme wird in unterschiedliche Längen geschnitten: Die Aufgabe des Kindes besteht darin, alle Halme gleicher Länge in Bündel zusammenzufassen.

4) Ein anderer Teil der Stohhalme wird so zurecht geschnitten, daß sie der Größe nach gereiht werden könne. Am Anfang liegt der kleinste (kürzeste) und am Ende der größte (längste) Halm.

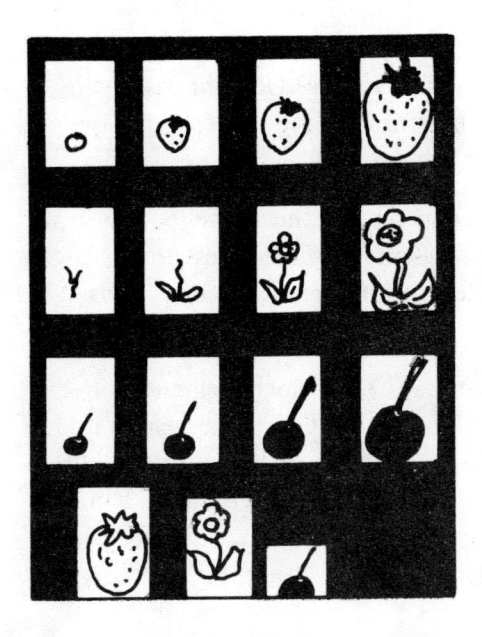

Wachsen lassen

Dieses Zuordnungsspiel können wir aus wenigen und einfachen Materialien selbst herstellen.

Auf eine genügend große Kartonfläche zeichnen wir dreimal vier Quadrate (s.Abb.) ein. Eine gleiche Anzahl Kartonkärtchen schneiden wir in derselben Größe aus. Je vier Kärtchen bilden eine aufsteigende Reihe. Auf jedes Kärtchen einer Reihe malen wir eine immer größer werdende (wachsende) Frucht. Zuerst ist die Erdbeere noch ganz klein, dann wird sie größer und größer, bis sie schließlich eine ausgereifte, stattliche Frucht ist.

Für jede Reihe erfinden wir eine Wachstums-Geschichte und ordnen während des Erzählens die entsprechenden Kärtchen zu. Beim zweiten Durchgang werden die Kinder aufgefordert, an der richtigen Stelle die richtigen Kärtchen auf das Spielfeld zu legen.

MÄCHTIGKEITEN

Vergleich von Mengen hinsichtlich ihrer Mächtigkeit

Der bisherige Umgang mit Ansammlungen von Dingen und deren Eigenschaften und Strukturen setzte das Einzelglied nur in **unbestimmter** Weise zu dem Gesamtbestand in Beziehung (s. Beziehungen). Demzufolge wurden MÄCHTIGKEITSBEGRIFFE verwandt, die den Charakter UNBESTIMMTER ZAHLWÖRTER haben, wie: **viel, wenig, mehr, weniger, oft, selten, häufig** usw.

Es sind dies sprachliche Begriffe, die die Ein- und Mehrzahl und die Steigerungsstufen ausdrücken und einen ersten Mengenvergleich zulassen.

Der **bestimmte Vergleich** zweier oder mehrerer Ansammlungen von Dingen hinsichtlich ihrer exakten Mächtigkeit führt zum allmählichen Herauskristallisieren des Zahlbegriffs.

Es gibt drei wesentliche Gehalte, die der Zahlbegriffsbildung auf dieser Entwicklungsstufe zugrunde liegen und die vom Kind erlernt werden müssen:

1) Beim Denken der Zahl 5 haben wir ein Bewußtsein, das sich auf eine Ansammlung von Dingen, eben dieser Mächtigkeit, bezieht. Wir denken an die MENGE (5).

2) Wenn wir an die Menge (5) denken, wissen wir zugleich zweierlei:

a) Es ist gleichgültig, aus was für einzelnen Gliedern diese Menge besteht. Die Menge kann sowohl nur gleiche Gegenstände als auch sehr unterschiedliche Gegenstände, Zustände, Ereignisse usw. umfassen. Die QUALITÄT DER GLIEDER TRITT IN DEN HINTERGRUND.

b) Es ist auch gleichgültig, welche Struktur (Anordnung) die Menge besitzt. Die Einzelglieder können in der Art der Würfel-fünf ($\because$) oder in einer Reihe (. . . . .) angeordnet sein.

Der STRUKTUR DER MENGE, d.h. der Anordnung der Einzelglieder kommt keine Bedeutung zu.

3) Zu dem vorgenannten Wissen und dem Absehenkönnen von Qualität und Struktur der Einzelglieder kommt hinzu, daß wir die Menge (5) mit allen anderen Mengen in eine Beziehung setzen können, d.h. wir können die Anzahl dieser Menge mit der Anzahl der Einzelglieder einer anderen Menge vergleichen. Die verschiedenen Mengen können nach dem KLEINSTEN UNTERSCHIED — nämlich um ein Glied — unterschieden und in eine ORDNUNG ALLER MÄCHTIGKEITEN (Rangordnung) eingereiht werden.

Daraus ergibt sich der bestimmte Zahlbegriff, der durch ein BESTIMMTES ZAHLWORT ausgedrückt wird.

Der Zahlbegriff umfaßt also beispielsweise:

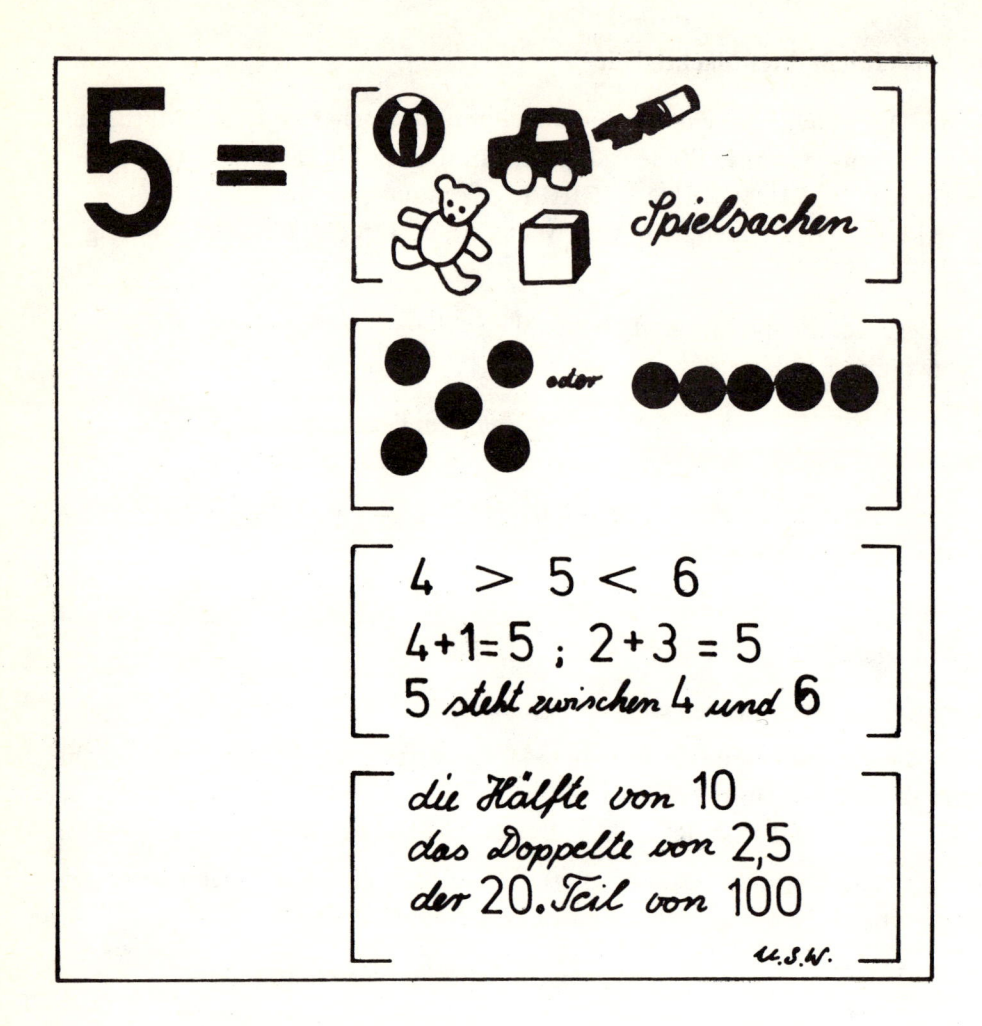

$$5 = \begin{bmatrix} \text{Spielsachen} \end{bmatrix}$$

$$\begin{bmatrix} \bullet\bullet\bullet\bullet\bullet \text{ oder } \bullet\bullet\bullet\bullet\bullet \end{bmatrix}$$

$$\begin{bmatrix} 4 > 5 < 6 \\ 4+1=5\,;\ 2+3=5 \\ 5 \text{ steht zwischen } 4 \text{ und } 6 \end{bmatrix}$$

$$\begin{bmatrix} \text{die Hälfte von } 10 \\ \text{das Doppelte von } 2{,}5 \\ \text{der } 20.\text{ Teil von } 100 \\ \text{u.s.w.} \end{bmatrix}$$

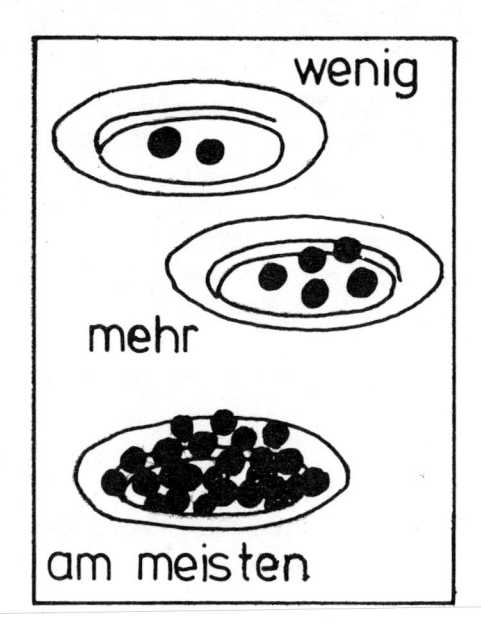

wenig — mehr — am meisten

Zur anschaulichen Einführung der Begriffe „wenig", „mehr", „am meisten" arrangiert der Erwachsene drei Anhäufungen des gleichen Materials in unterschiedlicher Menge und nennt den jeweils richtigen Begriff.

Beispiel:
„Hier auf dem Tisch stehen drei Schüsselchen mit Kirschen. Welche Schüssel möchtest du haben? Warum möchtest du gerade diese Schüssel haben?" — „Weil da am meisten Kirschen sind!" „Welche Schüssel möchtest du nicht haben? Warum?" — „Weil da wenig Kirschen sind!" Jetzt vergleichen wir alle drei Schüsseln miteinander. *„Wo sind wenig? Wo sind mehr?" Wo sind am meisten?"*

Andere Arrangements werden getroffen und die Kinder sollen jeweils selbständig die betreffenden Mengenbegriffe anwenden.

Wie kann das Kind zum Bilden des Zahlbegriffs geführt werden?

1) Indem dem Kind Spiele und Übungen angeboten werden, die das Absehenkönnen von der Qualität und der Struktur der Einzelelemente zum Inhalt haben.

Solange die fünf Spielsachen für das Kind begehrensewhrt sind und solange es nur an die Spielmöglichkeiten denkt, kann es keinen neutralen oder objektiven Standpunkt einnehmen.

2) Indem das Kind von dem unbestimmten Mächtigkeitsvergleich über den bestimmten Menvenvergleich zu einem quantitativen Denken geführt wird.

3) Indem es durch Handeln, Tun, Experimentieren eine Vielzahl von Vergleichen, Zuordnungen, Bestimmungen ausführt.

4) Indem das Kind in den Aufbau der Zahlen bis 10 eingeführt wird.

DURCH IMMER NEUES UND VARIIERENDES GLIEDERN UND ORDNEN VON MENGEN BILDEN SICH ALLMÄHLICH DIE **ANSCHAUUNGEN** UND **VORSTELLUNGEN**, DIE ZU ORDNUNGS-BEGRIFFEN FÜHREN, AUS. — UND **ZAHLBEGRIFFE** SIND ORDNUNGSBEGRIFFE.

Vergleich zweier Mengen durch Zuordnung

Zwei Mengen vergleichen heißt, entweder ihre DIMENSIONEN (Höhe, Breite, Ausdehnung, Umfang usw.) in Beziehung zueinander zu setzen oder ihre Elemente STÜCK FÜR STÜCK einander zuzuordnen.

Das letztere Verfahren kennen wir von den verschiedensten Gelegenheiten des Alltags. Dort werden beispielsweise die Ja- und Neinantworten mit Hilfe von Strichlisten miteinander verglichen.

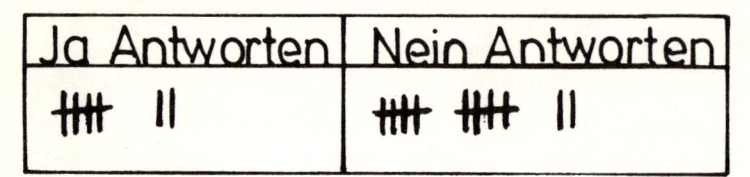

Ja Antworten	Nein Antworten
⫼⫼ II	⫼⫼ ⫼⫼ II

Die intellektuelle Struktur des Kindes ist jedoch von Angang an nicht so entwickelt, daß es diese einfache Form der Zuordnung leisten kann.

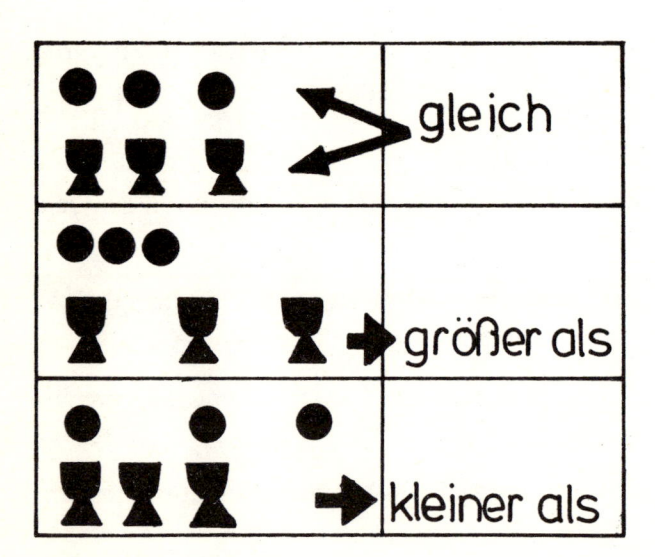

Beispiel:

a) Wir lassen 3 Eierbechern 3 Eier zuordnen, d.h. die 3 Eier werden in die 3 Eierbecher hineingelegt.

b) Die Eier werden vor der Reihe der Eierbecher dichter gedrängt. Nach der Gleichheit befragt, antwortet das Kind, daß mehr Eierbecher als Eier vorhanden sind.

c) Die Reihe der Eierbecher wird dichter gedrängt. Die Antworten hinsichtlich der Gleichheit fallen nun entgegengesetzt der o.g. aus.

DAS KIND AUF DIESER ENTWICKLUNGSSTUFE BESITZT NOCH KEIN BEDÜRFNIS, DIE GESTALT DER REIHE DER EIER UND EIERBECHER GEDANKLICH ZU ZERLEGEN. ES BEGNÜGT SICH MIT DEM WAHRNEHMUNGSMÄSSIGEN GESAMTEINDRUCK.

Die Abhängigkeit von der äußeren totalen Wahrnehmungsgestalt verhindert noch die Feststellung der Gleichheit der Mengen.

Wesensbestimmte Zuordnungen

Um die noch vorherrschende **globale** Sichtweise und Wertung der Dinge und Ereignisse abzubauen und um eine mehr vergleichende, gliedernde Denkweise anzubahnen, lassen wir die Kinder eine Vielzahl von Spielen, in der diese Fähigkeiten geschult werden, durchführen.

Zunächst beginnen wir mit herbeigeführten Spielsituationen, die in der Art gestaltet sind, daß die einander zuzuordnenden Gegenstände vom Gebrauch, vom Sinnbezug her zusammengehören. Eine Zahnbürste gehört zum Zahnbecher und nicht zur Untertasse, ein Puppenkleid gehört wesensmäßig und logisch zur Puppe und nicht zum Tretauto. Aus diesem Grund beginnen wir mit wesensbestimmten Zuordnungen (provozierte Korrespondenz), weil hier der Aufforderungscharakter zum Tun ein größerer ist.

Puppengeburtstag

Daß Kinder Geburtstag haben und daß hier im Rahmen eines lustigen Festes Kakao und Kuchen aufgetischt wird, wissen die Kinder schon sehr früh. Vor der Feier müssen jedoch Vorbereitungen getroffen werden. Dieses Vorwissen übertragen wir auf ein Spiel.

Heute feiern wir Puppengeburtstag. Die „Anne" wird fünf Jahre alt. Alle Puppen und möglicherweise auch die Bären werden zum Geburtstagsfest eingeladen. Nach dem Begrüßen und dem Gratulieren nehmen die Gäste Platz. Sie sitzen entlang der Wand. Vor ihnen wird ein Tuch als Tischersatz ausgebreitet. Jeder Gast erhält eine Tasse und eine Untertasse. Da die Kinder noch nicht abzählend die benötigte Menge an Geschirr feststellen können, ordnen sie jeder Puppe eine Untertasse und eine Tasse zu.

„Schaut genau hin und vergleicht, ob jede Puppe eine Tasse vor sich stehen hat?"
Jede Puppe erhält ein Stück Torte. „Wer möchte die Torte austeilen? Achte bitte darauf, daß jedes Kind ein Stück Torte erhält!"

Für jedes Kind eine Zahnbürste

Im Kindergarten oder in der Familie hat jedes Kind seine eigene Zahnbürste und seinen eigenen Zahnbecher. Um Verwechslungen vorzubeugen, kennzeichnen wir Bürste und Becher jedes Kindes mit dem gleichen Symbol. Damit wir die Gewißheit haben, daß jedes Kind nach dem Zähneputzen auch wirklich seinen Becher wieder findet und am Schluß Bürste und Becher aufräumen kann, arrangieren wir einen „Probelauf". Späterhin werden die täglichen Übungen diese Fähigkeit mehr und mehr festigen.

Variation:
Bei einer nicht allzu großen Gruppe wissen die Kinder wahrscheinlich, welche Zahnbürste und welcher Zahnbecher welchem Kind gehören.

Reihum werden folgende Zuordnungsspiele durchgeführt.
1) Zahnbürsten werden den einzelnen Bechern zugeordnet.
2) Zahnbürsten samt Becher werden den in einer Reihe sitzenden Kindern zugeordnet.

An jedem Haken eine Mütze

Auf dem Tisch liegen „viele" Mützen. Wir sollen sie im Flur an die Garderobenhaken hängen, nur wissen wir nicht, ob die Haken für die vielen Mützen ausreichen werden. Was ist zu tun?

WICHTIG!
Bei allen Spielen und Beschäftigungen, bei denen eine Lösung gefunden werden muß, geben wir dem Kind genügend Zeit, um selbständig den Lösungsweg zu finden. Erst dann bieten wir Vermittlungshilfen an.

„Wie können wir herausfinden, ob genauso viele Mützen wie Garderobenhaken vorhanden sind? Wer hat eine Idee? – Martin nimm eine Mütze und hänge sie auf! So, jetzt hole eine andere Mütze und hänge sie auch auf! Wir sind fertig. Ist eine Mütze übrig geblieben? Ich frage noch einma.: Sind genausoviele Haken wie Mützen vorhanden?"

Hat jeder Hund eine Hütte?

Wir erzählen die Geschichte eines Hundes und wie er zu seiner schönen Hundehütte kam. Danach darf jedes Kind einen Hund und eine Hundehütte aus Kartonpapier ausschneiden.

Nach dieser Arbeit wird festgestellt, ob genau so viele Hundehütten wie Hunde vorhanden sind. Es wäre gar nicht gut, wenn zum Schluß ein Hund ohne Behausung da säße.

Also führen wir die Zuordnung durch. Jeder Hundehütte, die wir zuvor in eine Reihe gelegt haben, wird ein Hund zugeordnet. Gehen beide Reihen auf, stimmt unsere Rechnung und wir können die Hütten und Hunde auf einen langen Kartonstreifen aufkleben und denselben an der Wand befestigen.

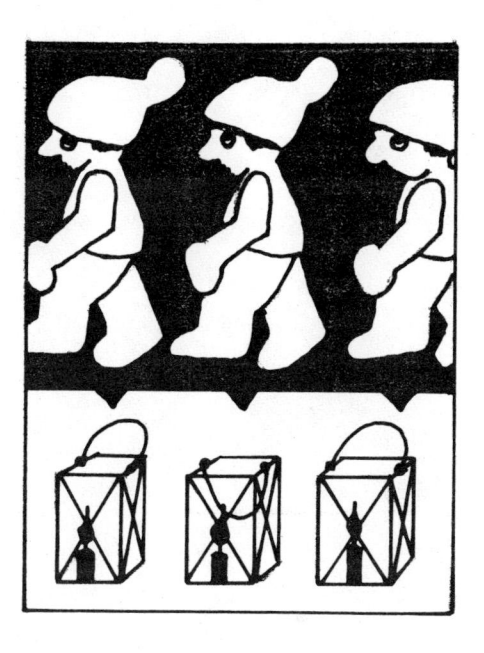

Schneewittchen und die sieben Zwerge

Kinder hören gerne Märchen, denn in der Märchenwelt werden ihnen gefühlsmäßig nachvollziehbare Verhaltensweisen angeboten.

Wir schmücken das Märchen noch etwas aus und berichten, was die **sieben** Zwerge so alles tun: wo sie schlafen, wo sie essen, was sie zum Anziehen haben, welche Werkzeuge sie für ihre Arbeit benötigen und welche Lieblingsgegenstände sie besitzen.

Die einzelnen Sachen werden angefertigt. Es gibt viel zu tun mit Papier und Klebstoff, mit Plastilin, mit Buntstift und Wachsmalkreide. Wie können wir jedoch feststellen, ob wir jeweils die richtige Menge der notwendigen Dinge gezeichnet oder gebastelt haben?

An der Wand stellen wir die sieben Kartonzwerge in einer Reihe auf oder setzen sie auf die entsprechende Anzahl von Stühlen. Je ein Gegenstand wird je einem Zwerg zugeordnet. Jedesmal, bevor wir die Zuordnung vollziehen, sprechen wir über die Gleichheit oder Nichtgleichheit der beiden Mengen, lassen Vermutungen äußern und korrigieren sie möglicherweise hinterher.

Stück-für-Stück-Zuordnung

Zwei Mengen und ihre Einzelglieder, die nun nicht mehr zueinander passen (komplementär sind), sollen hinsichtlich ihrer Mächtigkeit miteinander verglichen werden.

Beispiel 1
Hier liegen eine Anzahl Teller, dort liegen eine Anzahl Kaffeelöffel. Wo liegen mehr?

Führt das Kind aufgrund der vorausgegangenen Spiele, die die Zuordnung ja auch schon zum Inhalt hatten, den Vergleich nicht durch, gibt der Erwachsene nach einer gewissen Zeit anregende Hilfen. *„Nimm doch einmal die Kaffeelöffel und lege je einen auf einen Teller! Zeige, welche übrig bleiben! Was kannst du jetzt sagen?"*

Beispiel 2
Eine Variante der Zuordnungsspiele ist der Stück-für-Stück-Tausch. Jeder Mitspieler erhält eine gewisse Anzahl von Spielmarken, die er gegen „Waren" eintauschen kann. Für soviel Marken (...) bekommt er soviel (...) Waren.

Das Wesen der Stück-für-Stück-Zuordnung besteht darin, daß immer ein Teil einem anderen Teil einer Menge augenscheinlich zugeordnet wird, so daß nach dem Zuordnungsakt eine Aussage über die Gleichheit oder Nichtgleichheit der zu vergleichenden Mengen gemacht werden kann.

Hierbei ergeben sich zwei mögliche Vorgehensweisen.

A) 1:1 Zuordnung (Korrespondenzmethode)
   Jedem Element der einen Menge wird ein Element der anderen Menge gegenüber gestellt.

B) Paarvergleich

In jeder Reihe sind gleichviel

Jedes Kind darf seinen Teddybär mitbringen. Auch die im Kindergarten oder sonstwo vorhandenen Bären werden auf dem Tisch mit den anderen zu einem großen Haufen (Menge) vereinigt.

Wir erzählen eine Bärengeschichte, bei der die Bären eine Versammlung abhalten und dann beschließen, ihr Anliegen gemeinsam dem Bärenkönig vorzutragen.

Damit aber nicht so ein großes Durcheinander entsteht, treten die Bären in zwei gleichlangen Reihen an. Wie können wir dies ohne abzuzählen bewerkstelligen? Indem wir abwechselnd einen Bären zur linken und einen zur rechten Seite treten lassen. Auf diese Weise haben wir die Gewissheit, daß sich in jeder Reihe gleichviel Bären befinden. Natürlich wird diese Methode, falls die Kinder sie nicht selbst entdecken, sprachlich sehr herausgehoben.

Sind in jeder Reihe gleichviel?

Auf jedem Tisch befinden sich zwei Reihen (Männchen, Autos, Klötze usw.). Der Erwachsene macht ein nachdenkliches Gesicht, überlegt hin und her und wendet sich schließlich an die Kinder. *„Wie kann ich herausfinden, ob sich in jeder Reihe gleichviel Männchen befinden?"*

Den Kindern wird ein breites Band für eigene Überlegungen eingeräumt. Haben sie Schwierigkeiten bei der Lösungsfindung, gibt der Erwachsene schrittweise immer mehr und immer direktere Vermittlungshilfen.

1) Zwischen je einem Männchen der einen und der anderen Reihe wird ein Verbindungsstreifen gelegt. Bleibt am Ende ein Männchen ohne Gegenüber übrig?

2) Der Erwachsene stellt je ein Männchen der einen Reihe einem der anderen in mehr oder weniger großen Abstand gegenüber.

3) Der Abstand zwischen den beiden wird so verringert, daß es fast ein Paar ergibt.

Überall gleichviel

Wenn eine Schüssel Erdbeeren unter zwei Kinder verteilt werden soll, dann werden die Beteiligten schon aufpassen, daß alles mit rechten Dingen zugeht. Aber warum sollen die Kinder diesen Vergleich nicht selbst durchführen? Jeder holt sich eine Schüssel und stellt sie demonstrativ vor sich hin. Der Erwachsene wiegt den Kopf und ermuntert die Kinder zum Teilen. Wissen sich die Kinder zu helfen?

1) Der Erwachsene legt je eine gleichgroße Erdbeere vor jede Schüssel der Kinder.

2) Der Erwachsene deutet durch eine Gebärde an, daß sich jedes Kind eine Erdbeere aus der großen Schüssel nehmen darf.

3) Der Erwachsene nimmt immer **zwei** Erdbeeren aus der großen Schüssel und gibt dann jedem Kind eine davon.

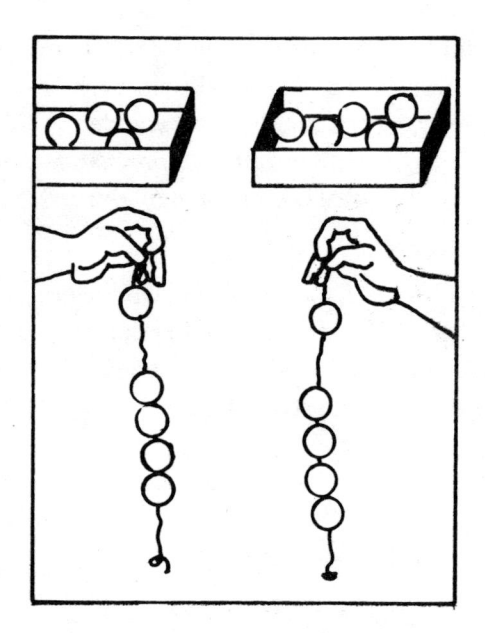

Ich eine, du eine . . . . .

Zwei Kinder sollen je eine gleichlange Perlenkette auffädeln. Jeder erhält ein Schälchen mit Perlen und eine Schnur.

Wie können sie es anstellen, daß sie jederzeit sagen und vergleichen können, ob die beiden Ketten gleichlang sind.

Es gibt zwei grundsätzliche Möglichkeiten:

1) Jeder fädelt nach eigenem Tempo. Nach einer gewissen Zeit werden die beiden Ketten nebeneinandergelegt und mit Hilfe des Augenmaßes die Übereinstimmung oder Nichtübereinstimmung festgestellt.

2) Jedes Kind nimmt zur gleichen Zeit eine Perle aus seiner Schale, fädelt sie auf und wartet, bis der andere Mitspieler so weit ist. Auf diese Weise haben sie die Gewißheit, daß jeder zu jeder Zeit gleichviel Perlen aufgefädelt hat.

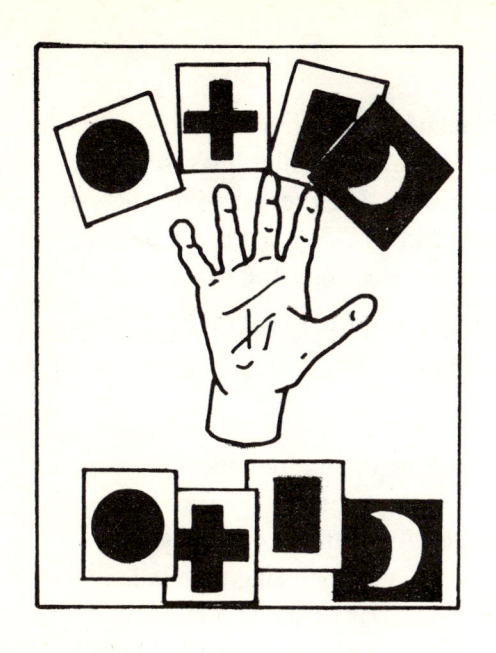

Hat jeder gleichviel Karten?

Wir stellen uns ein einfaches Kartenspiel her. Auf je zwei Karten kleben oder malen wir die gleichen Symbole oder Abbildungen von Gegenständen, Tieren usw.

Zu Beginn erhält jeder Mitspieler vier Karten ausgeteilt. Hat er zwei Karten mit derselben Abbildung, darf er sie ablegen, ansonsten soll er von seinem linken Nebenmann eine Karte ziehen und eine an seinen rechten Mitspieler abgeben. Auf diese Weise wird jeder Mitspieler nach und nach alle seine Paar-Karten ablegen können.

Variation:
Ein Teil der Karten wird ausgeteilt, der andere Teil bleibt in der Mitte auf einem Haufen liegen. Nach dem ersten Ablegen darf reihum jeder Spieler eine Karte abheben. Sind alle Karten verteilt und gerät das Spiel ins Stocken, darf untereinander ausgetauscht werden.

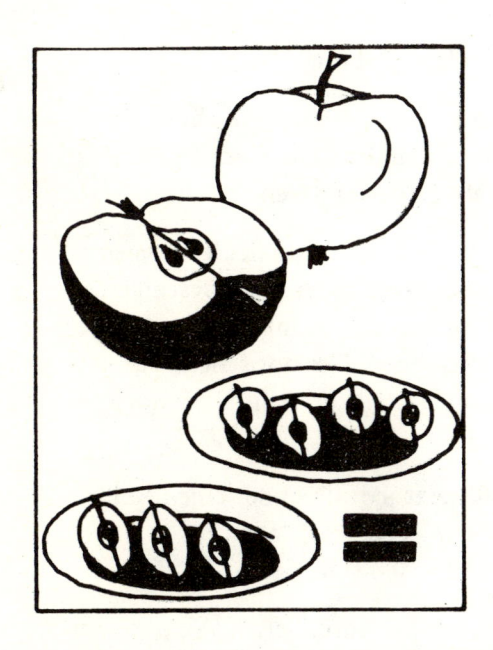

Orange (Apfel) teilen

Der Erwachsene legt eine ungeschälte Orange vor je zwei Kinder und ermuntert sie zu gemeinsamem Tun. Jedes Kind soll gleichviel Schnitze erhalten. Zeigen sich bei den Kindern Schwierigkeiten, gibt er ihnen nach und nach immer mehr Hilfestellung.

1) *„Was müßt ihr zuerst tun, wenn ihr die Orange gleichmäßig verteilen wollt?"*
a) Drei Unterteller und ein Messer holen.
b) Die Orange schälen und in Schnitze zerteilen.

2) *„Wie könnt ihr die Schnitze gerecht verteilen?"*
a) Einer der beiden legt jeweils einen Schnitz auf seinen und einen auf den Teller des anderen.
b) Jedes Kind nimmt sich immer zur gleichen Zeit einen gleichgroßen Schnitz weg.

3) Wenn es auf die Genauigkeit des Verteilens nicht so ankommt, kann man natürlich auch die Orange halbieren und jedem Kind einen Teil geben. Der Erwachsene hat dann zwar die Bedürfnisse der Kinder befriedigt, die Situation aber nicht so sehr in den Dienst des Lernens gestellt.

Vergleiche!

Auf dem Tisch stehen auf der rechten und auf der linken Seite je gleichviel Männchen. Allerdings ist die Anordnung jeweils eine andere. Die rechten Männchen stehen eng aneinandergerückt in einer Reihe, die linken Männchen stehen in einer Vierergruppe beisammen.

Wir machen die Kinder auf diese beiden Ansammlungen aufmerksam und fragen sie, ob überall gleichviel Männchen vorhanden sind.

Nach den ersten Vermutungen und den mehr oder weniger durchdachten Äußerungen gehen wir zum konkreten Vergleich über. Vor jede Ansammlung legen wir ein Steckbrettchen und stecken die jeweilig vorhandene Anzahl der Männchen hinein. Der optische Vergleich (Länge der Reihe) gibt uns Auskunft über die Mengengleichheit.

BEI ZWEI GLEICHGROSSEN MENGEN ERLEBEN DIE KINDER DIEJENIGE MENGE ALS DIE ANZAHLMÄSSIG GRÖSSERE, DEREN EINZELGLIEDER SICH ENGER BEIEINANDER BEFINDEN.

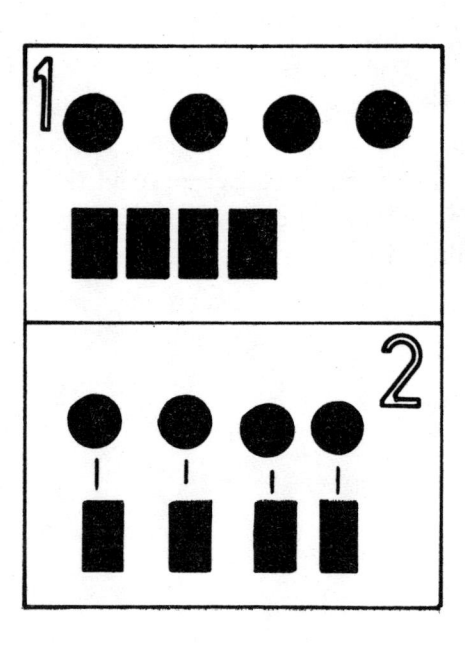

Vergleich durch parallele Reihung

Versuch: Es werden zwei Reihen mit gleichviel Einzelteilen gebildet, nur werden die Teile einer Reihe weiter auseinander gelegt als die der anderen.

Der Erwachsene fragt die Kinder, ob beide Mengen (Reihen) „gleich" sind. Die Kinder eines bestimmten Entwicklungsalters werden die räumlich ausgedehntere als die „größere" bezeichnen. Der optische Eindruck, der sich noch nicht auf Details bezieht, steht noch im Vordergrund.

Der Erwachsene läßt jetzt jedes Teil der einen Reihe jedem Teil der anderen Reihe zuordnen.
Ergebnis: Die beiden Reihen sind gleich.

Wie reagiert das Kind, wenn anschließend eine Reihe wieder auseinander gezogen wird?

Anzahlveränderungen

Mützen verkaufen

Auf dem Tisch liegen einige Mützen.
Der Erwachsene erfindet eine Geschichte, bei der nacheinander Kinder in das Mützengeschäft kommen, sich eine Mütze aussuchen und sie mit nach Hause nehmen.

Um 9.00 Uhr öffnet Herr Müller sein Hutgeschäft. Er traut seinen Augen nicht, der Martin (Name eines Mitspielers) steht schon vor der Tür. *„Guten Tag, mein Junge. Womit kann ich dienen?"* *„Ich möchte gern eine Wollmütze."*

(Rollenspiel) Reihum darf jedes Kind sich eine Mütze vom Tisch wegnehmen. Der Erwachsene weist nach jedem Rollenspiel darauf hin, daß die Mützen immer weniger werden.

„Wenn jetzt nicht bald eine neue Lieferung eintrifft, werde ich bald keine Mützen mehr haben. Die Mützen werden immer weniger und weniger!"

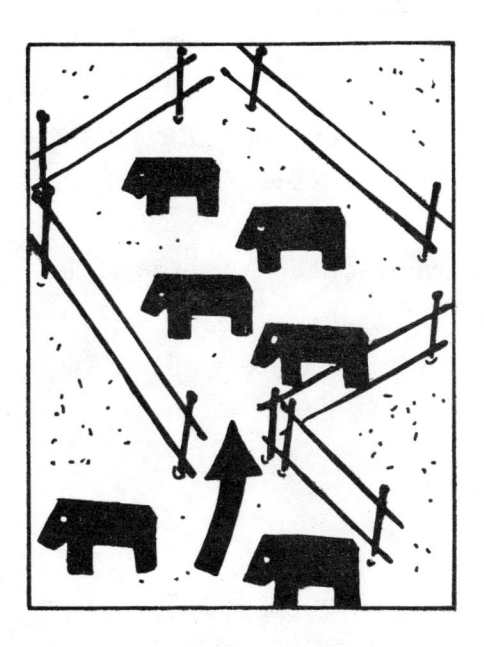

Schafherde

Zuerst hat der junge Schäfer nur eine kleine Herde, bestehend aus vier oder fünf Schafen. Doch weil er sparsam und fleißig ist, kann er immer wieder einige Schafe dazu kaufen. Es werden mehr und mehr Schafe. Zum Schluß besitzt er eine große stattliche Schafherde. Die Kinder hören der Erzählung zu und sehen, wie die Schafe mehr und mehr werden. Der Erwachsene wird dieses Mehrwerden neben der anschaulichen Demonstration auch durch den sprachlichen Ausdruck und gegebenenfalls durch eine dementsprechende Gebärde hervorheben.

Jedesmal, wenn er ein weiteres Schaf der Herde hinzufügt, sagt er: *„Jetzt hat der Schäfer wieder ein Schaf mehr. Immer wenn er ein Schaf mehr erhält, wird die Herde größer. Der Schäfer freut sich."*

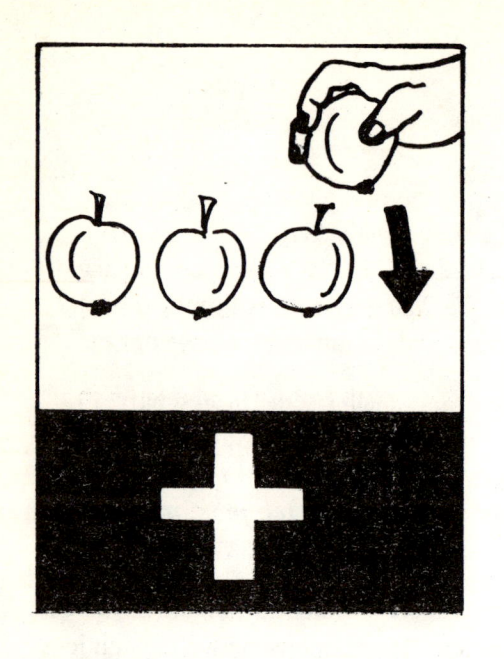

Es wird mehr!

Die Kinder kennen das Phänomen des Mehrwerdens schon. Nun sollen sie entsprechende Situationen selbständig herstellen und versprachlichen.

Der Erwachsene legt ein Klötzchen nach dem anderen auf den Tisch und weist darauf hin, daß es immer mehr werden. Dann gibt er jedem Kind ein oder zwei Klötzchen in die Hand und fordert sie auf, die Klötzchen zu den anderen zu legen und dazu zu sprechen.

„Ich lege ein Klötzchen dazu. Es werden immer mehr. Wenn ich etwas dazulege, wird es mehr!"

Einführung des Pluszeichens:
Wir nehmen vierkantige Langhölzchen und legen sie beim Vermehren kreuzweise übereinander. Dabei deuten wir das kreuzweise Legen auch durch das kreuzweise Übereinanderlegen der beiden Hände an. Mehrwerden wird durch das kreuzweise Übereinanderlegen symbolisiert.

Es wird weniger!

Auf dem Tisch liegen sechs bis sieben Holzkugeln. Der Erwachsene nimmt eine Kugel weg und fordert die Kinder auf, zuzuschauen und zu sagen, was er getan hat.

„Sie haben eine Kugel weggenommen!" „Richtig! Und nun schaut einmal die restlichen Kugeln an. Was fällt euch auf?"

Die Kinder sollen erkennen, daß die Anzahl der restlichen Kugeln weniger wird.

Nun sind die Kinder an der Reihe. Jedes soll eine Kugel wegnehmen und dazu sprechen.
(„Es wird weniger.")

Einführen des Minuszeichens:
Der Erwachsene legt die schon bekannten vierkantigen Langhölzchen kreuzweise übereinander und läßt eine ums andere wegnehmen. Zum Schluß bleibt eines übrig und diese Form wird als Symbol des Wegnehmens, des Wenigerwerdens beibehalten.

Weniger

Zwei Entenmütter mit ihren Jungen unternehmen einen gemeinsamen Ausflug. Am Anfang schwimmen jeder Entenmutter gleichviel junge Enten hinterher. Doch das Unglück will es, daß sich zwei Enten verirren. Bei einer kurzen Rast schauen die beiden Mütter auf ihre Kinderschar und vergleichen sie. Zuvor hatte jede gleichviel Entenkinder – und jetzt?

Variation:
Der Erwachsene trägt die Geschichte von den zehn kleinen Negerlein vor. Jedesmal, wenn ein Negerlein verloren geht und festgestellt wird: *„Da waren es nur noch . . .",* sagt der Erwachsene: *„Wieder ein Negerlein weniger!"* Will er es noch anschaulicher gestalten, stellt er zehn Puppen auf den Tisch und nimmt nach jeder Strophe eine Puppe weg. Die Anzahl der Puppen wird immer **weniger**.

Erhaltung der Mächtigkeit

Mehrfach wurde bei den vorausgegangenen Spielbeschreibungen auf das Merkmal der BESTÄNDIGKEIT hingewiesen. „Fünf" bleibt „fünf", egal welche Anordnung die einzelnen Glieder einnehmen. Da Kinder auf den ersten Entwicklungsstufen noch ganz von dem „WAHRNEHMUNGSBILD" eingenommen sind und noch keine logischen Schlüsse beachten, soll das Problem der Beständigkeit, d.h. der Erhaltung des Ganzen (Menge, Gewicht, Umfang, usw.) besonders in unserer Spielesammlung berücksichtigt werden.

DIE ERHALTUNG DES GANZEN KANN GERADEZU ALS EIN KENNZEICHEN EINES HÖHEREN GEISTIGEN ENTWICKLUNGSNIVEAUS ANGESEHEN WERDEN.

Wir Erwachsene nehmen gewisse grundsätzliche Tatsachen als selbstverständlich hin — z.B. daß die Menge Knet dieselbe bleibt, selbst wenn sie zu einer Kugel oder einer langen Schlange geformt ist. Kleine Kinder verstehen das noch nicht. Für sie ist die **lange** Knetschlange „mehr" als die kompaktere Kugelform.

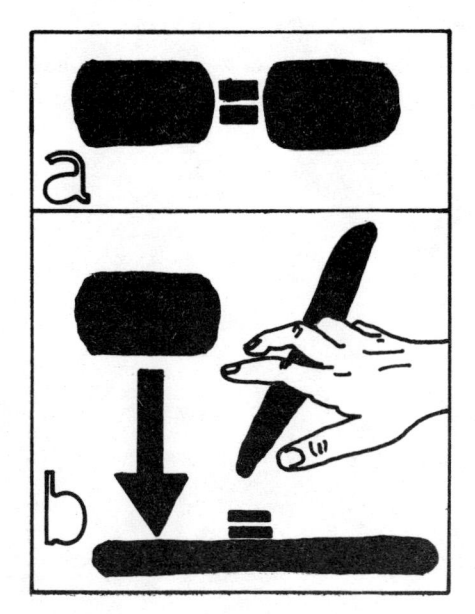

Knet walken

Kinder gehen gerne mit der weichen Knetmasse um. Sie formen und kneten und walken und drücken und klopfen sie.

Vor dem Austeilen der Knetmasse wird genau darauf geachtet, daß jedes Kind gleichviel Knet erhält.

„Schaut her! Hier habe ich für jedes Kind Knet. Welche Menge ist größer??Keine! Alle Kinder bekommen die gleiche Menge Kent. Schaut noch einmal alle Mengen genau an! So, jetzt darf sich jeder eine Menge nehmen und daraus eine andere Form gestalten, z.B. eine Kugel, eine Schlange, eine Walze usw. Zum Schluß vergleichen wir alles."

Nach dem allgemeinen Tun werden die unterschiedlichen Formen verglichen. Immer wieder kehren wir zum Ausgangspunkt, daß jeder gleichviel Knet hatte, zurück und betonen die Gleichheit.

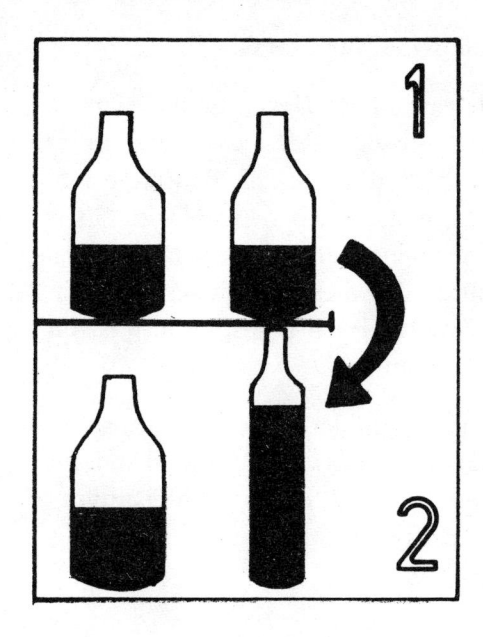

Umgießen

Der Erwachsene besorgt sich drei Flaschen. Zwei davon sind gleichgroß, die dritte ist schmäler und länger. Die zwei gleichgroßen Flaschen werden für alle gut sichtbar auf den Tisch gestellt und zu gleichen Teilen mit Himbeersaft gefüllt, so daß der Flüssigkeitsspiegel niveaugleich ist. Der Erwachsene fragt die Kinder, ob in beiden Flaschen gleichviel Saft enthalten ist.

Nach dem bejahten Gleichstand wird der Saft einer Flasche in das schmale, hohe Glas gegossen. Der Flüssigkeitsspiegel steigt hierbei in die Höhe, so daß er über dem der ersten Flasche liegt. Erkennt das Kind auf Befragen jetzt auch noch die Gleichheit der Menge? Wenn nicht, darf es den Saft aus der langen, schmalen Flasche in die ursprüngliche Flasche zurückschütten. Nun sind beide Niveaus wieder gleich. Das Umschütten wird solange durchgeführt, bis das Kind die „Erhaltung" dieser Menge erfaßt hat.

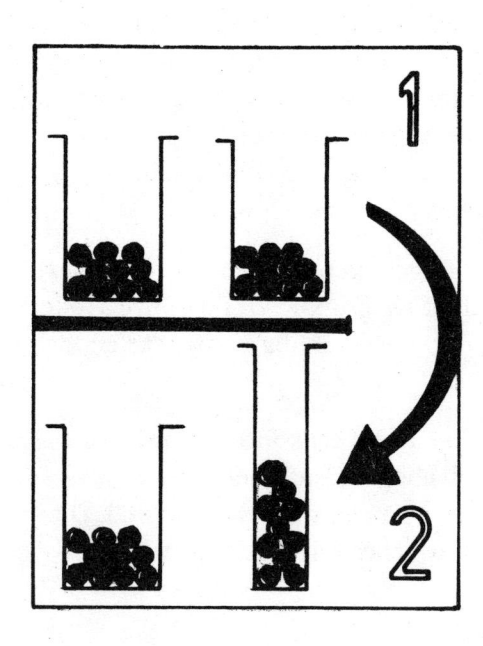

Perlen umschütten

Wie in dem zuvor beschriebenen Spiel können anstelle der Flaschen und des Saftes auch Gläser und Perlen verwendet werden (s.o.).

Wie kommt es, daß ein Kind eines bestimmten Entwicklungsniveaus die „Gleichheit der Mengen" erkennt?

Das Kind schüttet die Perlen aus dem langen schmalen Glas in das Ursprungsglas zurück und kann sich dadurch von der Gleichheit nochmals und immer wieder überzeugen. Im Grunde kehrt es die Handlung um, es schüttet zurück.

DIE TATSÄCHLICHE HANDLUNG, DAS UMGEHEN, EXPERIMENTIEREN MIT DEN DINGEN, GIBT DEM KIND DIE MÖGLICHKEIT, DIE HANDLUNG IN VERSCHIEDENE RICHTUNGEN AUSZUFÜHREN.

Mit der Zeit gelingt es dem Kind, diese konkreten Handlungen zu VERINNERLICHEN. Es kann in Gedanken die Handlung umkehren, und damit die ursprüngliche Gleichheit wieder herstellen. In den Umkehrhandlungen liegt das Geheimnis der Entwicklung der „Erhaltung der Menge".

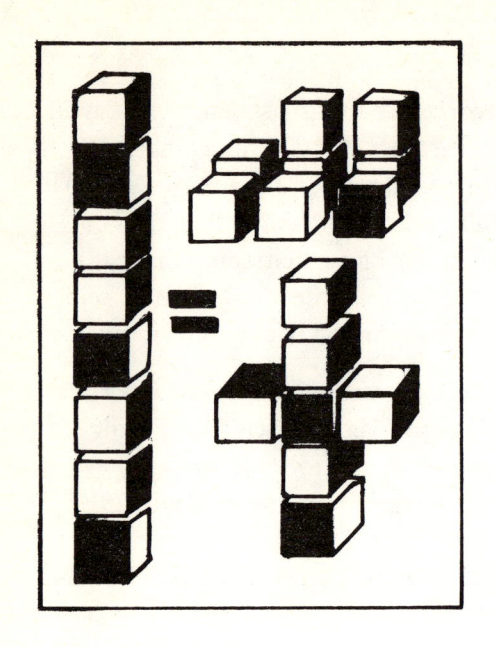

Von der Senkrechten in die Horizontale

Eine gleichbleibende Anzahl von Gegenständen (Bauklötzchen, Legosteine, Steckbausteine usw.) wird unterschiedlich arrangiert. Einmal werden die Bausteine aufeinander zu einem Turm, dann nebeneinander zu einem Zug und schließlich übereinander zu einer Brücke gestaltet. Die Anzahl bleibt immer dieselbe. Die Kinder erahnen durch solche kreativen Gestaltungsspiele etwas von der „Erhaltung der Mengen".

Die „Menge", d.h. die Anzahl der Bauklötze bleibt konstant, obwohl sich das äußere Erscheinungsbild ändert. Möchte es die „Menge" erfassen, darf es sich nicht von der äußeren Form verwirren lassen (s. auch „Erhaltung der Menge").

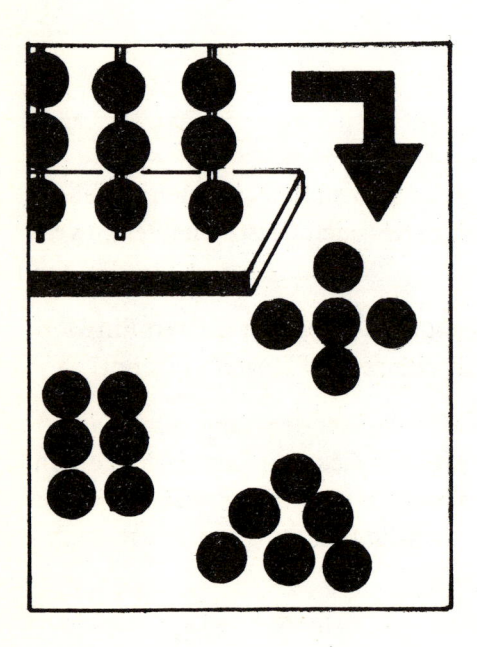

Von der Senkrechten zu Gruppierungen

Auf dem Tisch steht ein Steckbrett mit jeweils fünf Kugeln auf den Stäben. Der Erwachsene deutet auf die übereinander gesteckten Kugeln und deren Gleichheit hin und ermuntert die Kinder, jeder Reihe eine andere Form zu geben, ohne daß eine weitere Kugel hinzugefügt oder weggelassen wird.

Die Kinder legen die Kugeln in eine Reihe, ordnen sie zu dem Bild der Würfelfünf an, gruppieren sie in Kreis- oder L-Form oder legen sie ohne erkennbare Struktur einfach so auf den Tisch.

Möchte der Erwachsene eine Lernkontrolle einfügen, fragt er die Kinder, ob überall gleich viele Kugeln vorhanden, oder ob irgendwo mehr oder weniger sind. Dieser Versuch zeigt, auf welcher Entwicklungsstufe sich das Kind befindet.

RAUMERFAHRUNG

Der eigene Körper und der „Umraum" bilden ursprünglich beim Kind eine Einheit. Der Mund ist das erste Greiforgan der räumlichen Gegenstände. Über den so entstandenen „Urraum oder Mundraum" bauen sich der „Greif-" und später der „Laufraum" auf. Mit dem Laufen wird der Raum über den Körperbereich hinaus erweitert. Die erfahrene Gliederung des eigenen Körpers dient somit als Mittel der weiteren Orientierung.

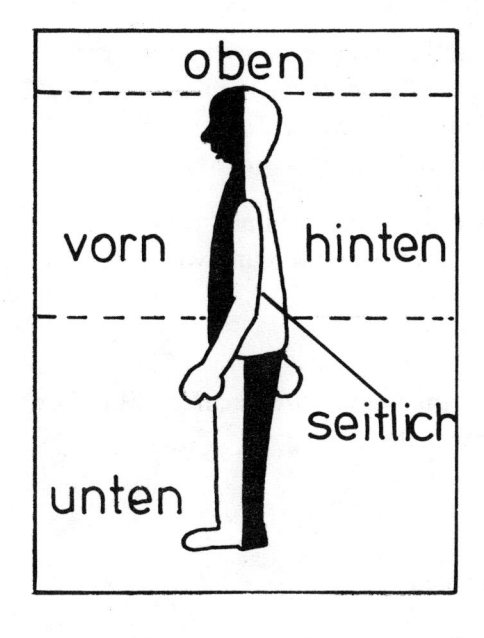

1) Alle Dinge werden zum Körper hin geordnet:

A. Vor den Augen und den Händen liegende Sphäre
B. Hinter dem Rücken liegende Sphäre
C. Über dem Kopf liegende Sphäre
D. Unter dem Nabelbereich liegende Sphäre
E. Seitlicher Bereich

2) Alle Dinge werden mit dem eigenen Körper in Beziehung gebracht. Die Dinge können „laufen, liegen, stehen", sie haben „Füße, einen Kopf, einen Bauch" usw.

Mit Hilfe dieses „Gerüstes" kann das Kind ORDNUNGSBEGRIFFE entwickeln.

Beim Bilden der DINGBEGRIFFE kommt das Kind durch den mannigfaltigsten Umgang mit den Dingen in Berührung, sie bleiben konstant, sie können „jetzt" und „nachher" angefaßt werden. Ordnungsbegriffe hingegen können nicht auf der gleichen anschaulichen Grundlage aufgebaut werden.

IN DEN ORDNUNGSBEGRIFFEN WIRD EIN **WISSEN** ZUSAMMENGEFASST, DAS NICHT DIE BESCHAFFENHEIT DER DINGE MEINT, SONDERN DEREN **BEZIEHUNGEN** ZUEINANDER.

Das anfänglich noch unexakt vorhandene Beziehungswissen von „vorn, hinten, rechts, links, oben, unten, zwischen, durch, usw." wird durch eine Vielzahl von HANDLUNGEN gefestigt und differenziert.

Beispiel:
Der Ball ist unter den Schrank gerollt.
1) Er ist nicht mehr zu sehen.
2) Wenn ich ihn sehen will, muß ich mich bücken.
3) Ich kann ihn nicht einfach mit der Hand wegnehmen. Der Schrank befindet sich darüber.
(Über-Unter-Verhältnis)

GEFÜHLS-, SPANNUNGS- UND HANDLUNGSERLEBNISSE sind bei der Entwicklung des Begriffs beteiligt, so daß er auf einer breiten Erfahrungsgrundlage gründet und fester im Bewußtsein verankert werden kann.

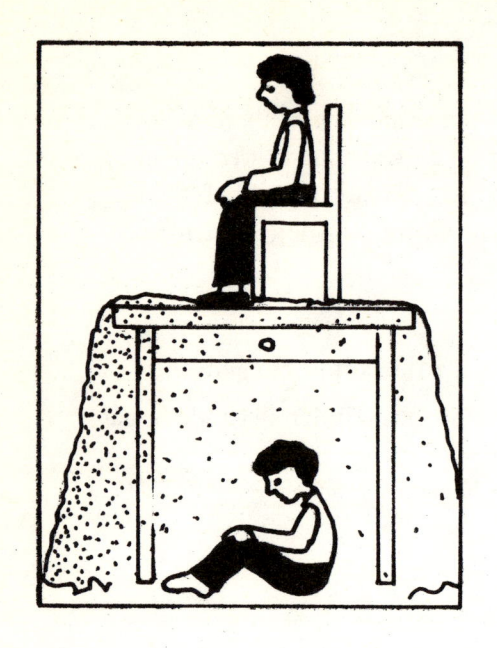

oben—unten

Wir bauen uns ein Haus mit zwei Stockwerken. Dazu stellen wir in die Mitte des Raumes einen Tisch, decken ein Tuch darüber und stellen obenauf noch einen Stuhl.

Der Erwachsene, dem das Haus gehört, möchte die obere und die untere Wohnung vermieten. Er bietet beide Wohnungen an.

„Zwei wunderschöne Wohnungen zu vermieten. Wer möchte „oben" wohnen? Von dort haben Sie eine prachtvolle Aussicht über das ganze Zimmer. Wer möchte „unten" wohnen. Der Eingang ist ebenerdig."

Nachdem die Wohnungen vermietet und bezogen sind, sollen die Mitspieler sagen, wer oben und wer unten wohnt.

Variation:
Auf dem Bauernhof wohnen und leben Menschen und Tiere oftmals auch übereinander. Mit Hilfe von Spielsachen wird diese Situation nachgespielt und versprachlicht.

Bremer Stadtmusikanten

Der Erwachsene erzählt die Geschichte der Bremer Stadtmusikanten und ermuntert die Kinder, sie nachzuspielen. Einer stellt den Esel dar, ein zweiter den Hund, ein dritter die Katze und ein anderer den Hahn.

Zuerst gehen sie alle ohne eine bestimmte Ordnung durch den Raum, dann wird die Straße enger und sie müssen alle **hintereinander** laufen, auf der breiten Landstraße ist so viel Platz, daß sie alle **nebeneinander** gehen können. Vor dem Haus der Räuber stellen sie sich alle **übereinander** auf.

Wer kniet auf dem Esel? Wer steht auf der Katze? Wo befindet sich der Hahn?

Variation:
Die Reihenfolge des Übereinanderstellens wird bildlich an der Filztafel oder mit Tierspielsachen nachvollzogen.

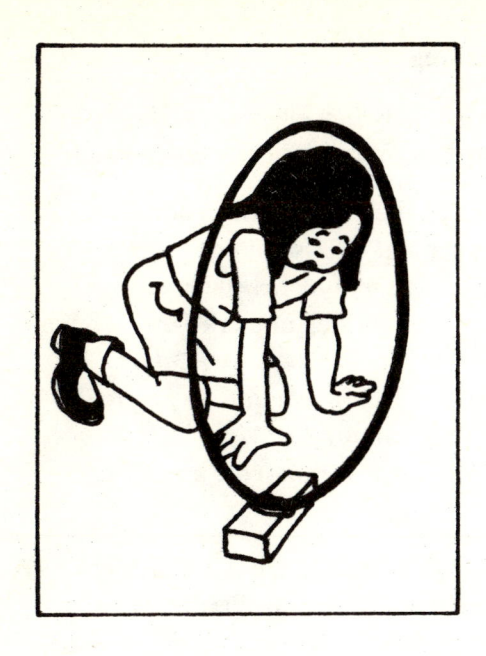

durch

Wenn man „durch" etwas krabbelt, müssen mindestens zwei Begrenzungen vorhanden sein.

1) Wir stellen sämtliche verfügbaren Stühle Lehne an Lehne in 50 cm Abstand hintereinander im Zimmer auf. Es entsteht ein schmaler Durchgang. Die Mitspieler stellen sich auf und versuchen, **durch** diese „Gasse" ohne anzustoßen zu krabbeln.

2) Zwei Kinder kauern auf dem Boden und halten dicht hintereinander je einen Gymnastikreifen. Die übrigen Kinder erhalten den Auftrag, **durch** die Reifen zu krabbeln.

3) Im Zimmer oder an den Ästen eines Baumes werden Pappringe aufgehängt. Jeder Spieler hat drei Würfe. Er soll versuchen, den Ball **durch** den Reifen zu werfen.

im

Mit „im" wird in der Regel etwas bezeichnet, das mit einer Rundumbegrenzung versehen ist.

Der Erwachsene schlägt den Kindern vor, sich Situationen auszudenken, wo ein Kind „in" etwas steht, liegt, sitzt. Hernach soll zu jeder Situation ein entsprechender Satz gefunden werden.

1) Peter hat sich einen Hocker in das Kartonhaus getragen. Er sitzt **im** Haus.

2) Claudia zieht den Holzwagen in die Zimmermitte und setzt sich dort in den Wagen. Sie sitzt **im** Wagen.

3) Klaus legt einen Schnurkreis aus und legt sich mitten hinein. Er liegt **im** Kreis.

4) Heiko zeigt eine Fotografie. Er sitzt darauf **im** Bett.

Ordnungsbegriffe lassen sich nicht immer exakt definieren, daher soll immer von konkreten, eindeutigen Situationen ausgegangen werden.

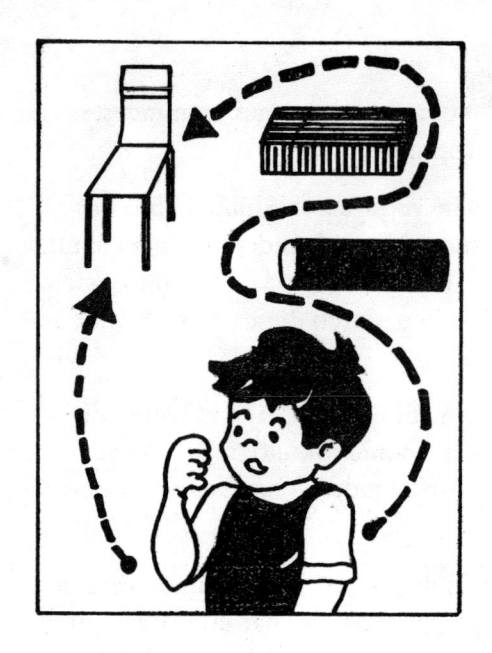

Kurzer Weg – langer Weg

Das Kind soll durch spielerischen Umgang erfahren, daß ein Ziel über verschiedene Wege erreicht werden kann.

Der Erwachsene stellt an die gegenüberliegende Wand einen Stuhl. Im Zimmer legt oder stellt er andere zu überwindende Gegenstände und Möbelstücke auf. Er versammelt alle Mitspieler um sich und erklärt den Spielverlauf: *„Wir wollen von hier aus viele Wege, die zu diesem Stuhl führen, finden. Wer macht den Anfang? Richtig, das ist ein Weg! Lege entlang des Weges, den du gegangen bist, einen Wollfaden. Wer möchte einen anderen Weg gehen?"*

Jeder gefundene Weg wird durch einen Wollfaden gekennzeichnet. Liegen drei oder vier Wollfäden auf dem Fußboden, unterhalten sich die Kinder und der Erwachsene über die Wege. Welcher Weg ist kurz? Welcher Weg ist lang? Kann die Länge des Weges nicht eindeutig bestimmt werden, vergleichen die Kinder die Länge der Wollfäden.

davor – dahinter – daneben

Im Freien rollen wir auf einer Sandbahn einen Ball einige Meter von uns weg, dann erhalten alle Mitspieler einige Murmeln und stellen sich hinter einer markierten Linie auf. Jeder Spieler versucht, seine Murmeln so nahe wie möglich an den Ball heranzurollen. Bei der ersten Bewertung kommen wir vorerst mit drei Kriterien aus: Die Murmel befindet sich **davor**, **daneben** oder **dahinter**.

Erst nach dieser groben Feststellung und der Versprachlichung des Sachverhalts gehen wir dazu über, festzustellen, wessen Murmel am nächsten zum Ball liegt.

Variation:
Der Erwachsene stellt ein Auto in die Mitte des Raumes, gibt einem Kind ein Klötzchen in die Hand und fordert es auf, den Klotz **neben** das Auto zu legen. Ist die Spielabsicht verstanden, fordern die Kinder sich gegenseitig auf, das Klötzchen dahin oder dorthin zu legen.

vorn – hinten

Kinder spielen gerne in der Gruppe und Kinder spielen gerne mit dem Ball. Wir ermuntern sie, sich hintereinander ganz dicht in einer Reihe aufzustellen und die Beine zu grätschen.

Das Kind, das **vorn** steht, erhält den Ball mit der Aufforderung, ihn durch die Beine bis zum letzten Mitspieler weiterzureichen. Das Kind **hinten** ergreift den Ball, rennt damit an die Vorderseite der Reihe und gibt den Ball auf die gleiche Weise weiter.

Variation:
Wieder stehen die Kinder in einer Reihe, doch wird diesmal der Ball nicht durch die gegrätschten Beine, sondern von Hand zu Hand weitergereicht. Das Kind am hinteren Ende der Reihe ist beim zweiten Durchgang dasjenige, das ganz vorn steht.

außen – innen

Der Erwachsene legt auf einer genügend großen Fläche einen Seilkreis aus und erläutert die Spielregeln.

„Wenn ich mit der Pfeife einmal pfeife, laufen die Kinder in den Kreis. Alle müssen innen im Kreis sein."

Wenn ich zweimal pfeife, laufen alle Kinder aus dem Kreis. Alle befinden sich außerhalb des Kreises!

Wenn ihr es zweimal richtig gemacht habt, darf ein Kind pfeifen. Jedes Kind kommt an die Reihe."

Variation:
Anstelle der Pfeife können beliebige andere Geräusch- oder Musikinstumente verwendet werden. Zeizvoll ist es auch, wenn der Erwachsene eine Geschichte erzählt, bei der die Kinder einmal außerhalb oder einmal innerhalb einer umgrenzten Fläche stehen. Auf das jeweilige Stichwort müssen die Kinder richtig reagieren.

Variation:
Katz- und Mausspiel

Rechtes Tor — linkes Tor

Die Raumerfahrung „rechts" und „links" bedarf einer zeitlichen Entwicklung, wobei das Kind auch in späteren Jahren manchmal noch rechts und links verwechseln wird.

1) Der Erwachsene bindet dem Kind um das rechte Handgelenk einen roten Faden und erklärt ihm, daß es immer **diese** Richtung einschlagen muß, wenn von „rechts" gesprochen wird. Nun geht das Kind durch den Raum und der Erwachsene dirigiert es mit Worten.

„Gehe gerade aus! Halt! Laufe jetzt nach rechts bis zur Tür. Nun drehe dich nach links und . . . ."

2) Der Erwachsene bastelt mit den Kindern zwei verschiedenfarbige Tore aus Kartonschachteln. Diese stellt er in drei bis vier Meter Entfernung von einer Grenzlinie auf und fordert die Mitspieler auf, den Ball einmal ins grüne, das ist das **rechte** Tor zu rollen, zu werfen, zu stoßen, zu kicken und dann in das rote, das ist das **linke** Tor. Nach einigen Durchgängen läßt er die Farbenbezeichnungen weg und verwendet nur noch die Raumbegriffe „rechts" und „links".

3) Schiff im Sturm: Mit Kreide malt der Erwachsene die Umrisse eines Schiffrumpfes auf den Fußboden und erklärt den Kindern das Spiel: *„Ihr befindet euch alle auf einem Schiff. Schnell, stellt euch in das Schiff hinein. Zuerst geht die Fahrt ohne Unterbrechung, dann kommt ein gewaltiger Sturm. Das Schiff neigt sich nach links. Alle Kinder laufen auf die rechte Seite. Das Schiff neigt sich nach rechts. Alle Kinder laufen auf die linke Seite . . . ."*

Das Angeben der jeweiligen Position erfolgt in immer kürzeren Zeiteinheiten, so daß die Kinder schnell und flink reagieren müssen, wenn sie alles richtig befolgen wollen.

MENGEN

Mengensymbole

Im Laufe der Geschichte des ersten Rechenunterrichts gab es unterschiedliche Auffassungen darüber, wie dem Kind die erste „Zahl" angeboten werden soll.

Die einen glaubten, daß sich die Zahlvorstellung durch Abstraktion aus der Anschauung ableiten lasse und boten viele „Zahlbilder" mit geordneten und ungeordneten Mengen an. Die anderen meinten, daß durch das „Zählen" dem Kind die Zahl am besten vermittelt werden kann. Also ließen sie alles zählen und ordnen.

Erst in unserer Zeit wird darauf verwiesen, daß Zahlen und Anzahlen keine in der Wahrnehmung auffaßbare Eigenschaften der Dinge sind, sondern GEDANKLICHE GEBILDE, die sich das Kind geistig erarbeiten muß.

Werden dem Kind ausschließlich Zahlbilder (... oder . .) angeboten, wird ihm die Möglichkeit zum freien Kombinieren, zum handelnden Auseinandersetzen mit den Zahlen genommen. DIE MANNIGFALTIGEN ZAHLBILDER MÜSSEN VIELMEHR VON DEN KINDERN ERZEUGT WERDEN, INDEM SIE DEN MENGEN, MIT DENEN SIE ARBEITEN, SELBST STRUKTUR GEBEN.

ANSCHAUUNG ⟵⟶ DURCH SELBSTTÄTIGKEIT

Zahlenmäßiges Wahrnehmen ist nicht eine „Art Abbildung der Dinge im Bewußtsein", sondern „ein Gestalten, ein Schaffen, ein Produktivsein". Zahlvorstellungen bilden sich durch immer erneutes und variierendes Gliedern, Ordnen und Zählen von Mengen über undifferenzierte Vorstellungen und Anschauungen zu Ordnungsbegriffen.

Unser Ziel der Mengendarstellung ist demnach, durch und über das Handeln — und das kann durchaus das Zählen einschließen — zu Vorstellungen zu gelangen. Später wird das Handeln nur noch gedacht, es wird nicht mehr konkret ausgeführt. Dies ist die Geburtsstunde des mathematisch-begrifflichen Denkens.

Parkplatz

Der Erwachsene zeichnet auf dem Tisch oder auf dem Fußboden einen Parkplatz mit sechs Stellplätzen ein. In einiger Entfernung stellt er sieben oder acht Spielautos hin und ermuntert das Kind, mit den Autos zu spielen und sie hernach auf dem Parkplatz einzuparken. Das Kind erkennt während seines spielerischen Umgangs so nebenbei mathematische Strukturen und Sachverhalte.

1. Auf jeder Seite des Parkplatzes kann ich gleichviel Autos hinstellen.
2. Die Anzahl der Parkplätze ist beschränkt. Ich kann nicht beliebig viele Autos parken, sondern nur eine bestimmte Anzahl.
3. Vor dem Parkplatz bleiben einige Autos stehen. Dies sind aber nicht so viele, wie schon Autos parken. Also haben die meisten Autos einen Parkplatz gefunden.

Bootsfahrt

Die Kinder falten gemeinsam mit den Erwachsenen Papierschiffchen. Quer über den Tisch verläuft ein breiter und tiefer Strom. Am Ufer stehen Leute. Sie möchten gerne ans andere Ufer. Sie rufen den Fährmann. Der Fährmann kommt und die Leute steigen ein. Aber halt! Es können doch nicht alle Leute auf einmal überfahren. Das Boot wäre überladen und kippte. Also müssen die Leute in Gruppen eingeteilt werden. Können in jedem Boot gleichviel Menschen mitfahren? Ein Platz muß immer für den Fährmann reserviert bleiben. In dem einen Boot ist noch Platz. Wer möchte von der anderen Gruppe dort noch mitfahren?

Eine Fülle von quantitativen Bezügen bieten sich an, ohne daß auch nur eine „Zahl" verwendet wird, obwohl dies durchaus auch denkbar, ja in einem großen Rahmen sogar erwünscht wäre.

Schiffsreise

Das Schiff geht auf große Reise. Wer möchte mit um die Welt fahren?

Der Erwachsene zeichnet auf Karton ein Schiffsmodell vor, schneidet es aus und zeigt es den Kindern. Jeder soll sich so ein Kartonschiff selbst basteln.

Zum Schluß werden die Kabinen eingezeichnet. Jede Kabine wird durch einen Kreis, der den Durchmesser einer Holzscheibe besitzt, gekennzeichnet. Wieviel Kabinen jedes Kind einzeichnet und welche Anordnung es wählt, bleibt jedem selbst überlassen. Es soll nur darauf geachtet werden, daß kein Kreis über den Rand gezeichnet wird. Schließlich werden die Kabinen bezogen. In jede Kabine zieht ein Reisender (Holzscheibe) ein. Vielleicht bleiben auch einige Kabinen unbesetzt, vielleicht können einige Reisewillige diesmal nicht mitfahren und müssen auf den nächsten Dampfer warten.

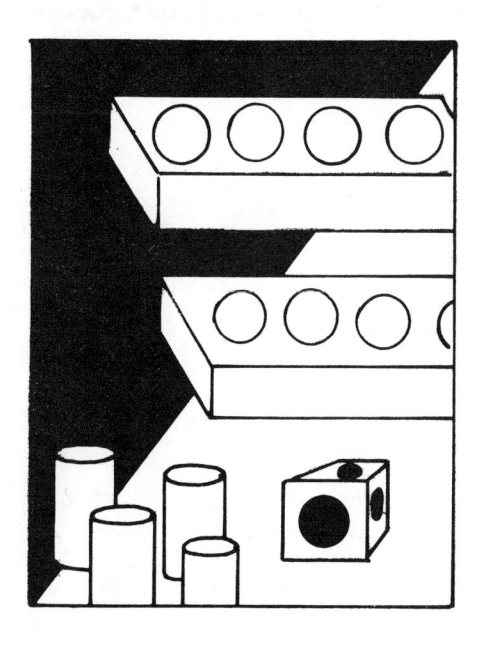

Farben würfeln

Die Kinder besorgen sich Steckbrettchen, farbige Steckwalzen und einen Farbenwürfel.

Bevor das Spiel beginnt, kleben sie an jedes Steckbrettchen entsprechend den Farben der vorhandenen Steckwalzen einen roten, blauen, grünen Punkt.

Nun darf jedes Kind der Reihe nach einmal würfeln und eine Walze in das dafür vorgesehene Brettchen stecken. Bald wird das eine oder andere Steckbrett mit Walzen gefüllt sein. Das Kind, das nun diese Farbe würfelt, muß bis zur nächsten Runde warten. Vielleicht kann es dann wieder eine Walze in einen noch freien Platz stecken. Jedenfalls sind die Mengen der Steckmöglichkeiten begrenzt. Die Kinder können nicht beliebig lange und beliebig viel stecken. Eine Begrenzung ist von der Sache her gegeben.

Mengenbilder

Kreise auslegen (anmalen, kleben)

Mehr und mehr bringen wir die Zahlwörter ins Spiel. Immer wenn wir mit einer Menge umgehen, nennen wir nun auch das entsprechende Zahlwort. *„Schaut her, hier habe ich für jeden ein Kartonkärtchen. Auf jedes Kärtchen habe ich drei Kreise — eins, zwei, drei — gemalt. Seht ihr sie alle? Jeder erhält solch ein Kärtchen und dazu Muggelsteine. Ihr legt in jeden Kreis einen Muggelstein — Wieviel Muggelsteine liegen insgesamt auf dem Kärtchen?"*

Variation:
Anstelle des Darauflegens von Muggel- oder Kieselsteinen können die Kinder auch selbstklebende Papierscheiben auf die Kreise heften. Auf diese Art und Weise können Mengenbilder von 1—4 hergestellt werden.

Mengen (1—4) nachlegen

Der Erwachsene teilt eine Karte in vier Felder. In jedes Feld malt er eine gleiche Anzahl (1—4) von Gegenständen.

Jedes Kind erhält solch eine Mengenkarte und das notwendige Beschäftigungsmaterial. Die Aufgabe besteht darin, die entsprechende Anzahl von Gegenständen analog der Vorlage neben oder auf die Karte zu stellen.

Die Kinder werden sich in den überwiegenden Fällen anfangs an der Anordnung der Dinge orientieren und nicht so sehr an deren Anzahl. Dies ist jedoch nicht weiter schlimm, weil das Anzahlige unterschwellig in die Wahrnehmung mit einfließt und so den Boden für das Erfassen der „Anzahl" bildet.

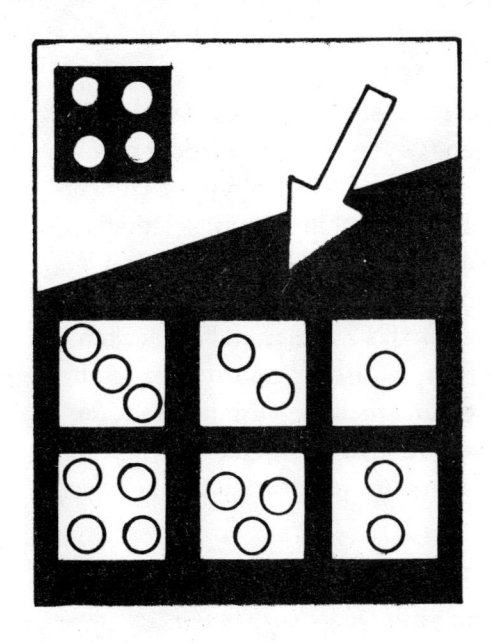

Gleiche Mengenbilder finden (1–4)

Der Würfel hat sechs Seitenflächen. Wir stellen uns Mengenbilder (1–4) analog der Würfelordnung her und stellen sie in Reih und Glied an der Wand auf.

Bevor wir würfeln, kleben wir die Mengenbilder 5 und 6 zu. Zuviele Mengenbilder am Anfang verwirren das Kind unnötig.

Wir lassen den Würfel auf den Fußboden rollen, machen auf das obenauf liegende Mengenbild aufmerksam und fordern die Kinder auf, das entsprechende Mengenbild aus der Kartenreihe herauszusuchen und dem Würfel zuzuordnen.

Variation:
Ein Kind hebt ein Mengenbild hoch und ein anderes würfelt so lange, bis das entsprechende Bild beim Würfel obenauf liegt.

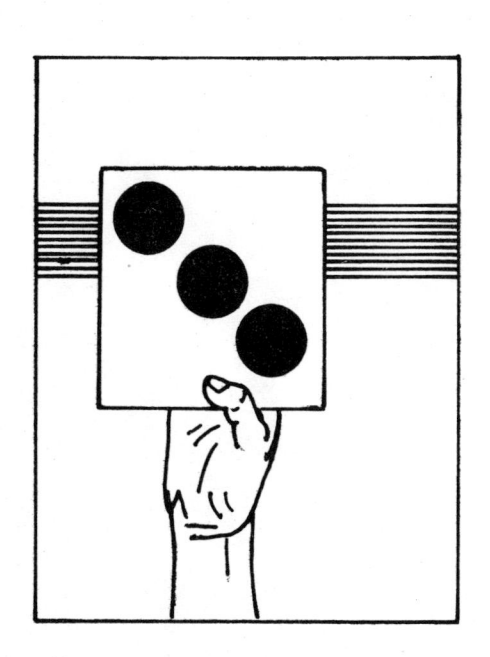

Simultanes Erfassen

Jeder mag sich beim simultanen Erfassen von Mengen selbst prüfen. Ein Mitspieler legt eine bestimmte Anzahl von Spielmarken auf den Tisch, deckt seine Hand darüber und gibt dem Gegenüber für einen kurzen Moment die Möglichkeit des Betrachtens. Wieviel kann jeder auf einen Blick erfassen **ohne** zu zählen?

Bei den Kindern gehen wir anders vor. Wir nehmen die schon genannten Mengenkarten, heben sie für einen Augenblick hoch, fordern alle zum Betrachten auf und bitten die Kinder, die entsprechende Menge mit Muggelsteinen nachzulegen. Wer die Anzahl der Menge schon sagen kann, darf dies natürlich tun. Nach mehreren Durchgängen wird der Erwachsene sowieso vorsichtig nach der Anzahl fragen.

Wo sind auch so viele?

Die Kinder sollen die erkannte Menge des Mengenbildes bei konkreten Mengen (Gegenständen) wieder entdecken. Dazu arrangiert der Erwachsene Gruppen von Gegenständen der gleichen Anzahl im Raum, zeigt den Kindern das entsprechende Mengenbild und ermuntert sie, die gleiche Anzahl von Dingen im Raume zu suchen. Die Kinder durchstreifen das Zimmer und entdecken da ein Paar Schuhe, dort zwei Tassen und auf dem Tisch zwei Schlüssel. Alle gefundenen Gegenstände werden eingesammelt und paarweise der vorgegebenen Anzahl zugeordnet und die Situation versprachlicht.

„Hier stehen zwei Schuhe (ein Paar). Da liegen zwei Schlüssel. Überall sind zwei Dinge vorhanden."

Sachendomino

Bei diesem Spiel muß der Erwachsene etwas von seinem Bastlergeschick zeigen, es sei denn, er legt den Kindern die im Spielwarenhandel käuflich zu erwerbenden Dominospiele vor.

Beispiel:

Wir schneiden uns Kartonkarten (6 x 10 cm) zurecht, trennen sie durch einen Strich in zwei gleichgroße Hälften und malen auf jede Hälfte eine unterschiedliche Anzahl von Gegenständen. Dabei achten wir darauf, daß auf der nächsten zu bemalenden Karte eines der beiden Motive wieder erscheint.

Beim Spiel legen die Kinder die Karten so aneinander, daß immer die Bilder mit der gleichen Anzahl von Gegenständen zusammenpassen.

Punktedomino

Das Ausgangsmaterial dieses Spiels ist das gleiche, wie wir es bei dem Spiel „Sachendomino" beschrieben haben. Hier zeichnen wir anstelle der Abbildungen konkreter Gegenstände abstrakte Symbole (Kreise, Dreiecke, Karos usw.).

Die Mitspieler werden aufgefordert, die Dominokarten so aneinander zu legen, daß immer die gleiche Punktzahl zusammenpaßt.

Variation:
Da die Punktezahl bei den traditionellen Dominosteinen mitunter für den Anfang zu hoch ist, suchen wir uns die mit der entsprechend niedrigeren Punktezahl heraus oder kleben die höheren Punktzahlen mit einem Stück Papier zu.

Richtig einordnen

Der Erwachsene besorgt sich drei bis vier Schuhkartons und heftet an jede Vorderseite eine Mengenkarte an. Dann stellt er die Kartons in einer Reihe auf den Tisch und legt eine überschaubare Anzahl Mengenkarten daneben. Die Kinder sollen die entsprechenden Mengenkarten in den richtigen Karton legen. So kommt z.B. die Karte mit den drei Pilzen in die Dreier-Schachtel und die mit den zwei Kirschen in die Zweierschachtel.

Zeigen sich anfangs bei den Zuordnungsspielen noch Schwierigkeiten, hält der Erwachsene die auf dem Tisch liegende Mengenkarte neben die an die Schachtel geheftete und fordert das Kind zum genauen Betrachten auf:

„Schau dir diese beiden Kärtchen genau an. Sind überall gleichviel?"

Mengenduett

Dieses Spiel bedarf einiger Vorbereitungen. Zuerst schneiden wir uns acht, sechzehn oder vierundzwanzig Kartonkarten zurecht. Dann bemalen wir jeweils vier Karten mit gleichem Motiv, aber in unterschiedlicher Anzahl, z.B. einen, zwei, drei, vier Kreise, ein, zwei, drei vier Rechtecke usw.

Vor dem eigentlichen Spiel legen wir alle Karten in einer Reihe auf den Tisch und lassen uns von den Kindern zeigen, wo überall gleichviel Dinge auf den Karten zu sehen sind. Dann erklären wir, daß nun jeder drei oder vier Karten, je nach der Anzahl der Mitspieler, erhält und diejenigen auf den Tisch legen soll, auf denen gleichviel Dinge zu sehen sind. Ansonsten darf jeder der Reihe nach eine Karte von dem Stapel, der noch auf dem Tisch liegt, nehmen.

Sachenlotto

Zur Einführung in das Lottospiel fertigen wir eine einfache Vorlage an. Auf dieser sind nur Dinge, die das Kind sicher kennt und zu denen es einen Bezug hat, zu sehen.

Hierzu teilen wir zuerst ein Kartonpapier in neun gleich große Quadrate ein und zeichnen jeweils gegenständliche Abbildungen darauf.

So zeichnen wir z.B. in ein Feld einen Tannenbaum und in ein anderes drei Bälle. Mit den gleichen Motiven und in der gleichen Größe stellen wir noch zusätzliche Einzelkarten her.

Beim Spiel fordern wir die Kinder auf, die jeweiligen Karten in das entsprechende Feld zu legen. Nach und nach weisen wir auch auf die Anzahl hin: *„Aha, du legst die zwei Kirschen zu den anderen zwei Kirschen! Wieviel Enten siehst du auf dieser Karte? Wo siehst du die gleiche Anzahl noch?"*

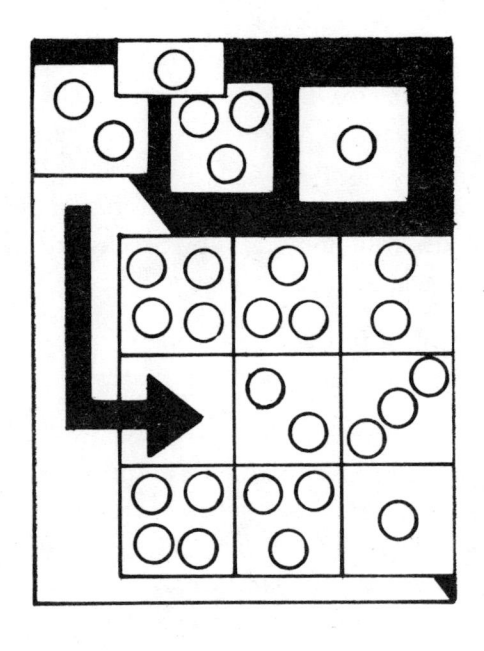

Mengenlotto

Auf die gleiche Art und Weise basteln wir uns ein Lottospiel, bei dem anstelle der figürlichen Abbildungen abstrakte Mengensymbole (Kreise, Quadrate, Striche usw.) treten.

Spielmöglichkeiten:
1) Das Kind nimmt das Mengenkärtchen mit den zwei Punkten, sucht auf der Lottokarte das entsprechende Feld und legt das Kärtchen ab. So werden reihum alle Felder gefüllt.

2) Neben der Lottokarte steht eine Schale mit Muggelsteinen. Das Kind erhält den Auftrag, auf jeden Punkt eines Feldes einen Stein zu legen.

3) Das Kind soll sich die Anzahl eines Feldes gut anschauen und dann auf einmal so viel Muggelsteine aus der Schüssel nehmen, wie es zum Belegen dieses Feldes benötigt.

4) Alle Einzelkärtchen mit der gleichen Anzahl werden aufeinandergelegt.

5) Mit den Einzelkärtchen wird hinsichtlich der Anzahl eine aufsteigende Reihe gebildet (s.d.).

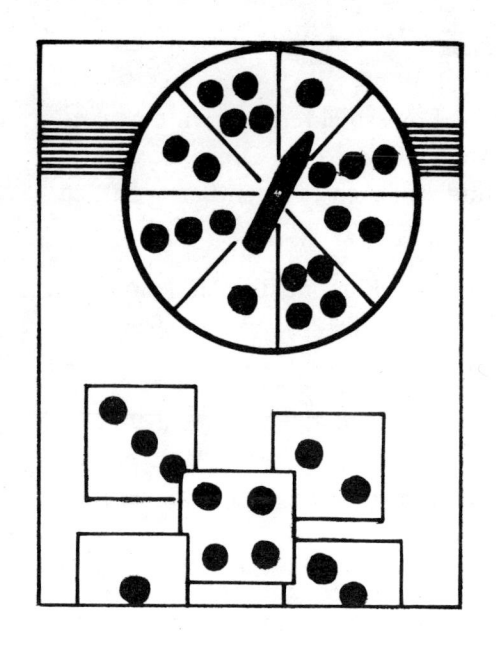

Mengenuhr

Die diesem Spiel zugrunde liegende Mengenuhr kann auch im Spielwarenhandel käuflich erworben werden.

Wir schneiden eine Pappscheibe zurecht, teilen sie in acht Sektoren ein und befestigen mit Hilfe einer Briefklammer einen Zeiger in der Mitte. In jeden Sektor malen oder kleben wir eine bestimmte Anzahl von Punkten. Der Erwachsene demonstriert den Spielverlauf: Er dreht den Zeiger auf einen bestimmten Sektor und sagt, daß er nun das Kärtchen aus den vielen anderen heraussuchen werde, das genauso aussieht.

„Ich drehe jetzt noch einmal. Der Zeiger bleibt hier stehen. Schaut euch diese Punkte genau an. Wer kann mir das Kärtchen zeigen oder geben, auf dem genau so viele Punkte zu sehen sind?"

Mengen umformen

Dieses Mengenspiel verlangt vom Kind das Kombinieren verschiedener geistiger Prozesse. Es soll die figurale Anordnung von Punkten erkennen, sie gedanklich auflösen und in eine lineare Form bringen. Anders ausgedrückt heißt das: Die Anzahl „vier", die durch die „Würfelvier" vorgegeben wird, soll das Kind mit Hilfe von Steckwalzen in ein längliches Steckbrettchen stecken.

Da dieses Umsetzen nicht sofort von dem Kind verlangt werden kann, geben wir ihm am Anfang eine angemessene Hilfestellung.

„Nimm aus dem Schälchen immer eine Walze und stelle sie nacheinander auf die Punkte dieses Mengenkärtchens. So nun steht auf jedem Punkt eine Walze. Es sind gleichviel Walzen wie Punkte vorhanden. Jetzt stecken wir die Walzen in das Steckbrett. Vergleiche die Menge hier mit der Menge der Punkte. Sind es gleichviel?" Kann das Kind die Frage nicht sinngemäß beantworten, soll es die Walzen wieder zurück auf das Mengenbild stellen. Der Vorgang wird umgekehrt.

Bestimmung der Anzahl

Bei unseren bisherigen Spielen, die das mathematische Denken schulen, haben wir Mengen einander zugeordnet, sie miteinander und untereinander verglichen, wir haben aber noch nicht bewußt und systematisch das „Zahlwort" eingesetzt, wenngleich auch manchmal so nebenbei erwähnt oder hin und wieder auf den „Wert der Mächtigkeit der Menge" hingewiesen. Von nun an soll jedoch die Verbindung zwischen den einzelnen Mengen und dem hierfür spezifischen Zahlwort bewußt im Vordergrund der Spielabsicht stehen. Das Kind wird angeregt, das Zahlwort zu gebrauchen und sinnvoll, d.h. nicht nur als leere Worthülse, anzuwenden.

Erste Zahlwörter (1—4)

Auch bei der Mengenbestimmung soll das Handeln und das selbständige Tun der Ausgangspunkt aller Aktivität sein. Natürlich kann eine Menge auch durch ZÄHLEN bestimmt werden, doch wollen wir dies am Anfang nicht zu sehr betonen, weil die Gefahr des rein mechanischen Ablaufs auf dieser Entwicklungsstufe zu groß ist. Zweifellos kann das Kind das Aufsagen von Zahlwörtern erlernen, ohne ihren Symbolcharakter verstanden zu haben. Dies ist auch meistens die erste „Rechenfertigkeit", die die Kinder im Vorschulalter vorweisen können.

Doch kann andererseits für das „einsichtige Zählen" die Kenntnis der Zahlwörter schon eine Erleichterung bedeuten. Daher fügen wir hier einige Spiele für das erste Zählen und das Erlernen und Einprägen der Zahlwörter ein, obwohl manche Fachleute den ZAHLBEGRIFFSBILDENDEN WERT DES ZÄHLENS nicht sehr hoch einschätzen.

> In diesem Entwicklungsalter soll das Kind MENGEN und GRÖSSEN und ihre BEZIEHUNGEN erfassen, indem es
>
> konkrete Dinge **aufreiht**,
> Mengen nach freien Gesichtspunkten **gliedert**,
> Mächtigkeiten nach Kriterien **ordnet**,
> die Ereignisse immer wieder **abändert**,
> aufeinander bezieht und **vergleicht**.

Wenn diese handlungsbezogene Phase vorausgeht, wird das Kind die Zahlen der Zahlenreihe nicht nur leichter lernen, sondern auch sinnvoll auffassen und mit Gehalt füllen können. Sie sind für es Namen von „Größen", die in den „Spielen" schon erlebt und erfahren worden sind.

Abzählreime

*Eins, zwei, drei,
alt ist nicht neu,
neu ist nicht alt,
wir zählen bald.*

*Eins, zwei, drei,
bicke, backe Heu,
bicke, backe Haberstroh,
was bin ich doch für mein Leben froh.*

*Drei Rosen im Garten,
drei Tannen im Wald.
Im Sommer ist es lustig,
im Winter ist es kalt.*

*Eins, zwei, drei, vier,
ein schönes Murmeltier.
Kann schön tanzen,
frißt lauter Wanzen,
frißt Aprikosen,
s' Büblein hat Hosen.*

*Eins, zwei, drei, vier,
die Maus sitzt am Klavier,
am Klavier sitzt eine Maus,
und du bist draus.*

*Eins, zwei, drei,
rische, rasche, rei,
rische, rasche Plaudertasche,
eins, zwei, drei
und du bist frei.*

*Eins, zwei, drei,
bicke, backe, bei,
bicke, backe Birnenstiel,
sitzt ein Männchen auf der Mühl,
hat ein rotes Hütchen auf,
rechts und links ne' Feder drauf.*

*Eins, zwei, drei,
eß' gern süßen Brei.
Hab' mich heute satt gegessen
und mein Hündchen nicht vergessen,
eins, zwei, drei,
wir essen gerne süßen Brei.*

*Ein Hahn,
zwei Hühner,
drei Gänse,
vier Schweine,
fünf Kühe,
das ist eine große Mühe.*

Zählspiele

Ist die Maus zu Hause?

Die Kinder bilden einen geschlossenen Kreis. Ein Mitspieler ist die Maus und ein anderer die Katze. Die Maus befindet sich innerhalb des Kreises, die Katze außerhalb. Sie lauert die Maus auf.

Die Katze fragt: *„Ist die Maus zu Hause?"*
Die Maus antwortet: *„Nein!"*
Die Katze fragt: *„Wann kommt die Maus nach Hause?"*
Die Maus antwortet: *„Um drei Uhr!"*

Nun beginnen die Kinder gemeinsam auf drei zu zählen. *„Eins, zwei, drei!"* Die letzte Zahl ist das Signal für den Beginn des Fangspiels. Die Katze schlüpft zwischen zwei Kindern in den Kreis und versucht, die Maus zu fangen. Diese jedoch wird schnell aus dem Kreis hinausschlüpfen und versuchen, der Katze zu entkommen.

Variation:
Die Kinder lassen die Maus ungehindert hindurchschlüpfen, der Katze können sie den Durchgang zeitweise verwehren.

Werfen

Gemeinsam mit den Kindern basteln wir einen Wurf-Maxe aus unterschiedlich großen Verpackungskartons (s.Abb.). Dieses Gebilde stellen wir im Garten auf, ziehen eine Abwurflinie, verteilen an jedes Kind drei Bälle und ermuntern sie, die Bälle nacheinander in das gut gekennzeichnete Ziel zu werfen. Nach jeder Wurfeinheit zählen wir die Anzahl der Bälle, die das einzelne Kind plazieren konnte.

„Peter, du hast dreimal geworfen. Komm her, wir zählen die Bälle, die in der Schachtel liegen. Eins, zwei,, drei. Du hast alle drei Bälle in die Schachtel geworfen. Du erhälst alle drei Bälle zurück. Zähle mit! Eins, zwei, drei!"

Beispiel:
Der Erwachsene stellt drei Eimer in einer Reihe neben- oder auch hintereinander auf. Die Kinder sollen von einer Abwurflinie aus die Bälle in die Eimer werfen.

Tore schießen

Für dieses amüsante Spiel besorgen wir uns eine Obstkiste, schlagen in unregelmäßigen Abständen Nägel in das „Spielfeld" und befestigen an der hinteren Längswand eine rote Schachtel als Tor.

Beim Spielen legen wir auf eine zuvor markierte Stelle einen Tischtennisball und versuchen, ihn durch Schnellen mit Mittelfinger und Daumen in das gegenüberliegende Tor zu schießen. Dies wird jedoch nicht so einfach sein, weil die dazwischenstehenden Nägel dem Ball ein Hindernis bieten.

Nach einigen Probierhandlungen werden die Kinder erfahren, daß der Ball nicht immer auf dem geraden Weg ins Tor geschossen werden kann. Bei einem Schuß an die seitliche Begrenzung gelangt der Ball auch im Winkel ins Tor. Beim „Turnierspiel" werden die Anzahl der „Tore" der Mitspieler mit den eigenen verglichen.

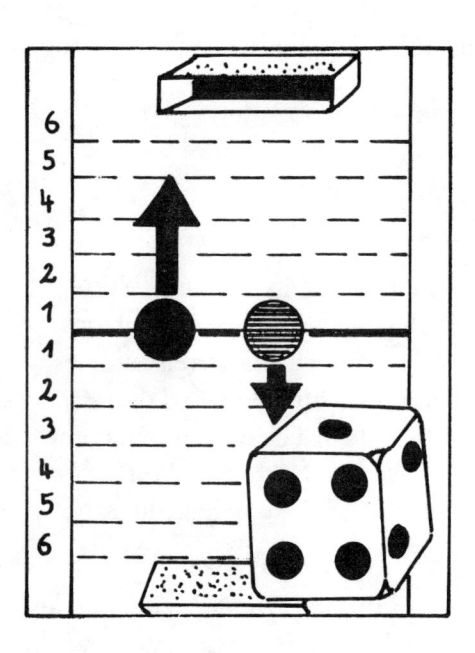

Kastanienfußball

Auf den Tisch oder auf den Fußboden legen wir einen ca. 50 cm langen Papierstreifen. Von einer Mittellinie aus werden je zwölf Querlinien abgemessen und eingezeichnet. An beiden Enden stellen wir eine Schachtel als Tor auf oder markieren den letzten Querstreifen rot.

Jeder der beiden Mitspieler erhält eine Kastanie. Diese wird von beiden auf die Mittellinie gelegt. Abwechselnd darf jeder einmal würfeln und um die entsprechende Anzahl von Querstreifen in Richtung des gegnerischen Tores vorrücken. Wessen Kastanie sich zuerst im gegnerischen Tor befindet, hat ein Tor geschossen.

Variation:
Das Spielfeld wird um die Hälfte verkleinert. Beide Spieler bewegen ihren „Ball" auf ein gemeinsames Tor zu.

Wettlauf

Die gesamte Fläche des Fußbodens (Sandstrand, Terrasse) wird als Spielfläche verwendet. Mit Kreide zeichnen wir in zwei gegenüberliegenden Ecken je ein Haus ein. Dort werden zwei Mitspieler, die um die „Wette" laufen sollen, plaziert. Zwischen den beiden Häusern malen wir Kreise in beliebiger Anzahl. Sie sollen entlang einer gewundenen Linie von einem Haus zum anderen führen. Jeder der beiden „Wettlaufer" sucht sich aus dem Kinderkreis einen „Würfler" aus. Dieser erwürfelt die Anzahl der Kreise, die der „Laufer" auf das Ziel zugehen darf. Die übrigen Kinder feuern die beiden „Wettläufer" und die beiden „Würfler" an. An diesem Spiel beteiligen sich also vier Mitspieler aktiv.

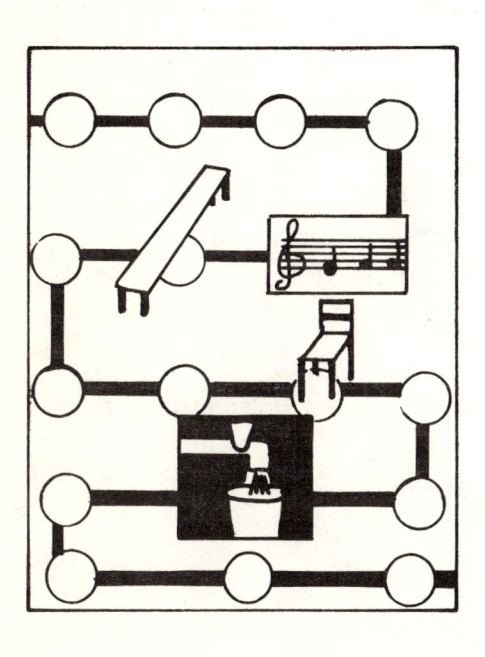

Würfelspiel mit Aktion

Wir zeichnen auf dem Fußboden eine Linie mit Kurven und Kehren von der einen bis zur anderen Ecke ein. Entlang der Linie bringen wir in regelmäßigen Abständen Markierungen an. Jede dritte, vierte oder fünfte Markierung stellt ein Aktionsfeld dar. So soll man z.B. einen Becher mit Wasser füllen, auf einen Stuhl steigen, ein Lied singen, das Licht an- und ausknipsen.

Jeder Mitspieler hüpft je nach der gewürfelten Augenzahl von einer Markierung zur anderen. Kommt er auf ein Aktionsfeld, so muß er die entsprechende Handlung ausführen. Sieger werden nicht ermittelt.

Mengenbestimmung

Kinder herwürfeln

Jedes Kind darf sich ein Mengenbild (1—6) aussuchen und umhängen. Die so gekennzeichneten Kinder stellen sich in einer Reihe an der Wand auf. Ein Mitspieler, der zuvor bestimmt wurde, begibt sich an die gegenüberliegende Wand und würfelt.

Hat er z.B. die Drei gewürfelt, ruft er: *„Die Drei soll zu mir kommen!"*

Das Kind, das sich anfangs das Mengenbild „drei" ausgesucht hat, stellt sich neben den Würfel. Auf diese Weise treffen sich alle Mitspieler je nach der gewürfelten Augenzahl wieder. Beim zweiten Durchgang werden die Rollen getauscht. Der Würfler reiht sich in die Gruppe der Mengenbildträger ein. Ein anderes Kind (Regel soll zuvor vereinbart werden, z.B. derjenige, der als erster mit dem „Würfel" gerufen wird) wird zum Würfler bestimmt.

Mengenertasten

Das Bestimmen der Mengen erfolgt mit allen Sinnen. Je mehr Sinne an einem Lernprozeß beteiligt sind, desto tiefer ist die Behaltenswirkung und desto intensiver ist der Erkenntnisvorgang.

Zu diesem Zwecke kleben wir auf Holzbrettchen oder stabilen Kartonstücken Muggelsteine in unterschiedlicher Anzahl und Anordnung auf, verbinden dem Kind die Augen und lassen es die entsprechende Anzahl ertasten.

Variation:
Wir stellen zwei oder drei Schalen auf den Tisch, legen in jede eine bestimmte Anzahl von Gegenständen hinein und fordern das Kind auf, dem die Augen zuvor verbunden worden sind, uns zu sagen, welche Dinge in den Schalen liegen und wieviele das sind.

Das Kind wendet den Kopf zur Seite und der Erwachsene legt dem Kind eine gewisse Anzahl von Gegenständen in die geöffneten Hände. Es soll die Anzahl und die Art der Dinge durch Erfühlen bestimmen.

Drei Töne

Die Mitspieler sitzen in einem Halbkreis. In der Mitte des Halbkreises steht eine Pauke und auf einem Stuhl daneben liegen einige Mengenbilder. Der Erwachsene oder ein anderer Mitspieler schlagen mehrmals auf die Pauke. Das Kind, das glaubt, die entsprechende Anzahl gehört zu haben und sie auch bestimmen kann, steht auf, geht zum Stuhl, sucht sich das nach seiner Meinung richtige Mengenbild heraus und hebt es für alle sichtbar in die Höhe. Konnte es die Anzahl der angeschlagenen Töne richtig bestimmen, darf es bei der nächsten Runde der Trommler sein.

Variation:
Die Kinder drehen sich mit dem Gesicht zur Wand. Der Erwachsene läßt eine gewisse Anzahl von Gegenständen auf den Boden fallen. Die Kinder sollen aufgrund des Höreindrucks die Anzahl der Geräusche benennen.

Fingerzielen

An die Wandtafel werden konzentrische Kreise gemalt. Der kleinste Kreis wird mit der Zahl 4 und der größte mit der Zahl 1 versehen. Sind entsprechend mehr Kreise vorhanden, erhöht sich auch die Anzahlbezeichnung.

Das Kind tritt in ein Meter Entfernung vor die Tafelfläche, schließt die Augen, streckt seinen Zeigefinger aus und versucht möglichst in das Mittelfeld zu zielen. Ist es mit dem Finger an der Tafel angelangt, öffnet es die Augen, bestimmt die Anzahl, die dem Kreis zugeordnet ist und versucht, diese Menge an einer bereitstehenden „russischen Rechenmaschine" nachzubilden.

Variation:
Anstelle der Wandtafel können jegliche anderen Zielscheiben und möglicherweise auch die entsprechenden Wurfgeschosse verwendet werden.

Bonbon raten

Der Erwachsene legt vor den Augen des Kindes bestimmte Mengen von Bonbons unter zwei bis drei Tassen. Er schiebt die einzelnen Tassen hin und her, so daß sie nicht mehr die ursprünglichen Plätze einnehmen. Nun deutet er auf eine der Tassen und fragt eines der Kinder: „*Wieviel Bonbons sind unter der Tasse? Rate!*" Das Kind nennt eine Zahl. Das Kind darf die Tasse hochheben und soll überprüfen, ob seine Aussage richtig war. *Eins, zwei, drei! Ja, ich hatte recht. Es sind drei Bonbons.*"

Variation:
Der Erwachsene legt unterschiedlich viele Streichhölzer in eine Schachtel, schüttelt sie und fragt nach der Anzahl.

Wieviel Mützen?

Der Erwachsene erklärt das Spiel: „*Wir stellen uns zuerst in einer Reihe vor den Garderobenhaken auf. Dann dreht ihr euer Gesicht zur Wand. Derweil hänge ich unterschiedlich viele Mützen an die Haken. Ihr dreht euch noch nicht um, denn ihr sollt einzeln raten, wieviel Mützen ich aufgehängt habe. Erst danach dürft ihr euch umdrehen. Ihr überprüft, ob ihr richtig geraten habt. Wer die richtige Zahl nennt, darf als nächster die Mützen aufhängen.*"

Variation:
Der Erwachsene verbindet einem Mitspieler die Augen, legt drei Mützen auf den Tisch und fordert das Kind auf, die Anzahl der Mützen durch Tasten zu ermitteln.

Malspiel für Zwei

Wenn die Kinder schon mit Malstiften umgehen können, bietet sich folgendes Spiel an.

Der Erwachsene malt auf ein nicht zu kleines Stück Karton eine Schildkröte (s.Abb.). Der in einzelne Felder aufgeteilte Rückenpanzer wird derart mit Mengenbilder versehen, daß jede Anzahl (1–6) mindestens zweimal vorkommt.

Jedes Kind erhält zwei bis drei Buntstifte und einen Würfel. Hat z.B. das erste Kind eine Drei gewürfelt, darf er das Feld des Rückenpanzers ausmalen, das dieser Punktzahl entspricht. Danach darf das zweite Kind würfeln und das entsprechende Feld ausmalen. Zum Schluß hin wird es vorkommen, daß das eine oder andere Kind mit dem Ausmalen warten muß, bis es die entsprechende Anzahl erwürfelt hat.

Haustüren treffen

„Haustüren treffen" ist ein sehr originelles Spiel, das den Kindern viel Spaß bereitet. Zuerst müssen wir jedoch die Utensilien herstellen. Wir suchen uns vier bis fünf Kartons zusammen, schneiden in jeden eine Toröffnung, die so groß ist, daß bequem ein Ball hindurchrollen kann und beschriften jeden Karton mit einem anderen Mengenbild.

Die so entstandenen Häuser stellen wir im Halbkreis vor einer Abwurflinie auf. Die Häuser mit der höheren Punktzahl stellen wir am weitesten weg, diejenigen mit der niedrigen Punktzahl werden näher an die Linie herangeschoben.

Die Aufgabe der Mitspieler besteht darin, den Ball in eine der Türöffnungen zu rollen. Die entsprechende Punktzahl wird festgestellt und möglicherweise auch festgehalten.

Am Strand Punkte sammeln

In den weichen, feuchten Sand im Naßbereich der Uferzone lassen sich wunderschöne Gebilde ritzen. Wir nützen diese Situation aus und führen ein Mengenbestimmungsspiel durch.

Zuerst ziehen wir eine Abwurflinie. Diese darf später nicht überschritten werden. Dann ritzen wir analog der Abbildung mehr oder weniger große und näher und entfernter liegende Rechtecke in den Sand. Die größten und der Abwurflinie am nächsten liegenden Rechtecke erhalten die niedrigste Punktzahl, die kleineren und weiter entfernt liegenden die höchste. Jeder Mitspieler sucht sich wurfgerechte Kieselsteine, stellt sich an der Markierungslinie auf und versucht seinen Stein zu plazieren. Wichtig ist, daß die Mitspieler nach jedem Wurf bestimmen, welche Punktzahl sie erreicht haben.

Mengenkreise

Dieses Spiel läßt sich sowohl im Haus als auch im Freien spielen. Wir beschreiben die Grundidee.

In sechs Kreise (Seilkreise, Sandkreise, Kieselsteinkreise, Gymnastikreifen, Kreidestrichkreise usw.) stecken wir jeweils eine Fahne mit den Punktzahlen 1–6.

Jeder Mitspieler darf einmal würfeln. Die Augenzahl, die er erwürfelt, entspricht der Punktzahl der jeweiligen Kreise. Würfelt er z.B. eine Fünf, stellt er sich in den Kreis, der durch die Fahne mit den fünf Punkten markiert ist.

Zum Schluß können wir feststellen, wieviele Kinder sich in jedem Kreis befinden.

Variation:
Ein Mitspieler würfelt für alle. Er ruft jeweils: *„Kurt hat fünf Punkte!"* Nun muß das Kind aufgrund des gehörten Zahlwortes den entsprechenden Mengenkreis finden.

Leitersteigen

Wir stellen einige Schalen mit Muggelsteinen auf den Boden. Mit Kreide werden Leitern, die zu den Schalen führen, auf das Spielfeld gemalt. Gewürfelt wird mit einem Farbwürfel. Zuerst muß jedoch vereinbart werden, welche beiden Farben die Möglichkeit des Vorankommens symbolisieren: z.B. rot= 2 Sprossen
blau = 1 Sprosse

Das Spiel beginnt! Jedes Kind erhält einen Setzstein und darf reihum einmal würfeln. Erwürfelt es die richtige Farbe, nähert es sich auf seiner Leiter mit ein oder zwei Schritten dem Ziel. Nach jedem Durchgang wird ein Muggelstein aus der Schale genommen. Wessen Schale ist am schnellsten leer?

Variation:
Um das Würfelspiel etwas spannender zu gestalten, kann zuvor vereinbart werden, daß beim Erwürfeln einer bestimmten Farbe auf der Leiter wieder zurückgegangen werden muß.

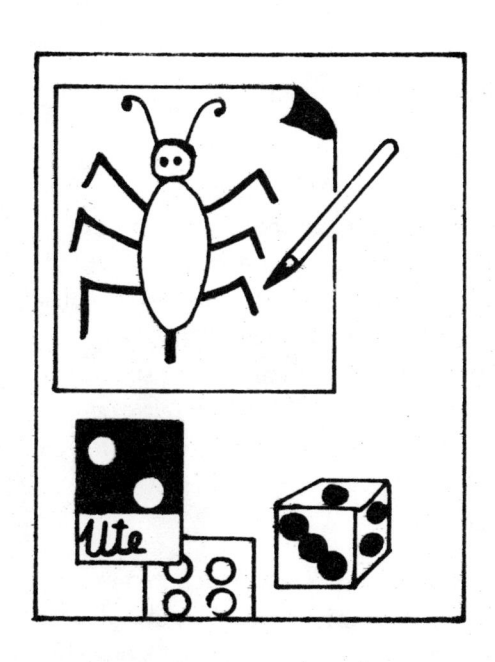

Läuse malen

Jeder Mitspieler erhält ein Blatt Papier und einen Bleistift. Auf dem Blatt bringt jeder Mitspieler seine Lieblingszahl in Form eines Mengenbildes an.

Jedesmal, wenn er später diese Menge erwürfelt, darf er einen Körperteil eines Tieres malen. Reihum würfelt jedes Kind einmal.

Variation:
Jedes Kind erhält sechs Hölzchen (Streichhölzchen). Wieder sucht sich jedes ein Mengenbild aus, malt es oben rechts auf sein Blatt Papier und darf reihum einmal würfeln. Hat es seine Zahl gewürfelt, legt es eines der sechs Hölzchen zu einem Gebilde (z.B. ein Haus) ab. Wer zuerst seine sechs Hölzchen abgelegt hat, ist für diemal Sieger.

Mengenrad

Für das „Mengenrad-Spiel" benötigen wir eine drehbare Scheibe. Dies kann ein ausrangierter Plattenspieler oder eine sonstige Drehscheibe eines Gerätes sein. Wer Freude am Werken und Basteln hat, wird sich solch eine Scheibe selbst herstellen.

Auf die Scheibe kleben wir 6 bis 12 Mengenbilder (1–6) auf und bestimmen eine Stelle außerhalb der Scheibe, die bei Stillstand das entsprechende Mengenbild anzeigt. Bevor jedes Kind die Scheibe einmal in Drehung versetzen darf, erhält es einen Steckrahmen und Steckwalzen. Es soll genau soviel Walzen in sein Steckbrett stecken, wie das Mengenbild, das nach Stillstand an der Markierungsstelle, Mengen anzeigt.

Wem dies zu schwierig erscheint, der stellt einfach einen Kasten mit Mengenbilder auf und fordert die Kinder auf, sich nach dem Drehvorgang das entsprechende Kärtchen herauszunehmen.

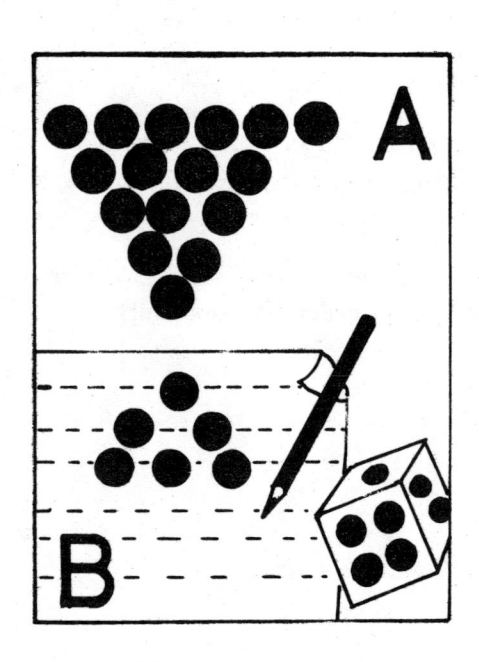

Pyramide

Das Pyramiden-Spiel kann auf zweierlei Art und Weise gespielt werden.

a) Der Erwachsene malt auf ein Stück Papier eine umgekehrte Pyramide, wobei die Grundlinie aus sechs Kreisen besteht. Die fünf weiteren Reihen werden aufsteigend immer um ein Element verringert. Die zwei Spielpartner erhalten einen Würfel und einen Bleistift. Würfelt der erste Mitspieler eine „Fünf", dann streicht er die Linie mit den fünf Kreisen durch, würfelt der zweite Spieler eine „Drei", streicht er die entsprechende Reihe durch. Es wird solange gewürfelt, bis alle sechs Reihen durchgestrichen sind.

b) Der Erwachsene zeichnet auf einem Stück Papier sechs Linien, läßt den ersten Spieler würfeln und deutet ihm an, daß er die Anzahl der Würfelaugen als Kreise in die entsprechende Linie malen soll. Die beiden Spieler würfeln solange, bis eine Pyramide entstanden ist.

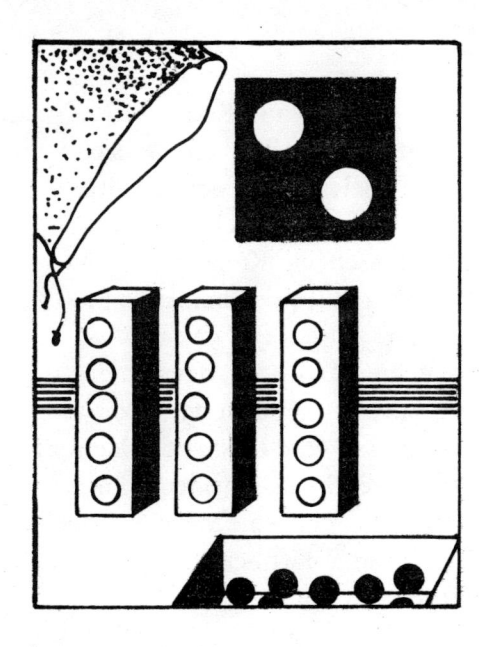

Krabbelsack

Im Krabbelsack befinden sich eine Handvoll Mengenkärtchen. Jeder Mitspieler erhält ein Steckbrettchen, außerdem wird für alle eine Schale mit Steckwalzen bereitgestellt.

Der Erwachsene ermuntert ein Kind, mit einer Hand in den Krabbelsack zu greifen und ein Kärtchen herauszuholen.

Hält das Kind das Kärtchen in der Hand, nennt es entweder spontan die Menge oder es stellt Walze um Walze auf die Kreise des Mengenbildes und sagt dann das entsprechende Zahlwort. Anschließend überträgt es die Anzahl der Walzen in das Steckbrett.

Variation:
Die Mitspieler stecken sofort die Anzahl Walzen, die der Anzahl auf dem Mengenkärtchen entspricht, in das Steckbrett.

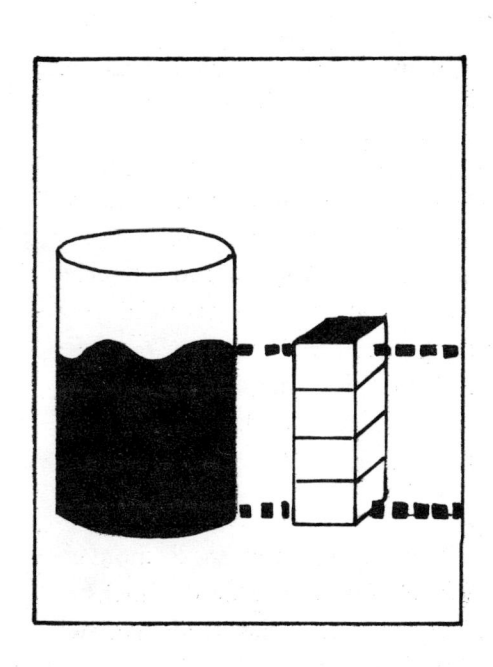

Wasserhöhe messen

Einige Mitspieler sollen ein hohes Glas mit einer beliebigen Menge Wasser füllen.

Stellen wir die Gläser nebeneinander, kann jeder sofort feststellen, in welchem Glas sich mehr oder weniger Wasser, in welchem sich am meisten und in welchem sich am wenigsten Wasser befindet.

Wie kann aber einigermaßen exakt die Wasserhöhe festgestellt werden? Der Erwachsene legt so rein zufällig Bauklötzchen auf den Tisch. Reagieren die Kinder immer noch nicht, beginnt er, neben dem Wasserglas einen Turm zu bauen. *„Ein Klötzchen, zwei Klötzchen, noch ein Klötzchen! Habe ich schon die Höhe des Wasserspiegels erreicht?"*

Nun verstehen die Kinder die Absicht des Erwachsenen. Sie bauen selbst „Türme", vergleichen sie untereinander und können so die Wassermengen miteinander vergleichen, ohne daß sie die Gläser nebeneinanderstellen müssen.

Flasche drehen

Acht bis zehn Mengenkarten werden in Kreisform auf den Fußboden gelegt. In der Kreismitte befindet sich eine leere Flasche. Die Mitspieler setzen sich je hinter ein Mengenbild, das sie sich zuvor aussuchen durften. Der Spielführer dreht die Flasche im Kreis und achtet, auf welches Mengenbild der zur Ruhe kommende Flaschenhals zeigt. Er ruft laut: *„Die ‚Fünf' ist aus dem Spiel. Die ‚Fünf' kann gehen!"* Das Kind, das sich das betreffende Mengenbild zuvor ausgesucht hat, steht auf, nimmt das Bild und steckt es in eine Leiste oder lehnt es an die Wand. Mit Fortgang des Spiels scheiden immer mehr Mitspieler aus. Derjenige, der seine Mengenkarte als letzter aus dem Kreis nimmt, darf bei der neuen Spielrunde der Spielführer sein.

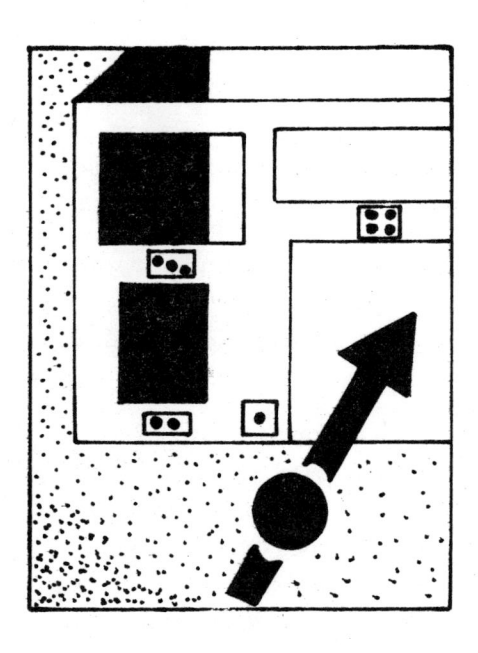

Zielen nach Punkten

Verpackungskartons sollen, sofern Kinder im Haus sind, nicht einfach weggeworfen werden. Sie bilden das Grundmaterial vieler lustbetonter Spiele.

Der Erwachsene schneidet eine große Kartonfläche an beiden Seiten so ein, daß diese ohne umzufallen senkrecht hingestellt werden kann (s.Abb.). Dann schneidet er unterschiedlich große Rechtecke aus und heftet jeweils neben den Öffnungen Mengenbilder an. Die kleinste Öffnung erhält das Mengenbild mit der nöchsten Anzahl, die größte Öffnung dasjenige mit der niedrigsten Anzahl.

Die Aufgabe der Kinder besteht darin, einen Ball oder eine Dose in eine der Öffnungen zu werfen. Reihum erhält jedes Kind drei Würfe. Wer am Schluß die höchste Punktzahl (Mengenkärtchen werden ausgeteilt) auf sich vereinigen kann, ist Rundensieger.

Kegeln

Kegel aus einer bestimmten Entfernung mit einer Kugel umzuwerfen, ist ein Spiel, das wegen seines Bekanntheitsgrades nicht beschrieben zu werden braucht. Nur, wie sollen die Kinder ihre Ergebnisse festhalten? Sie können nicht so wie die Erwachsenen Zahlen untereinander schreiben und am Ende zusammenzählen.

Wir ermuntern die Kinder zu einem anderes System.

Jeder Mitspieler erhält zwei 10er Steckbrettchen und zwanzig Steckwalzen. Nach jedem Wurf steckt er die Anzahl, die er umgeworfen hat, in sein Steckbrettchen. Wahrscheinlich kann er am Ende seine Wurfleistung nicht zählen, aber er kann sein Steckbrettchen neben die seiner Mitspieler stellen und dann vergleichen, bei wem mehr und bei wem weniger Walzen in den Löchern stekken.

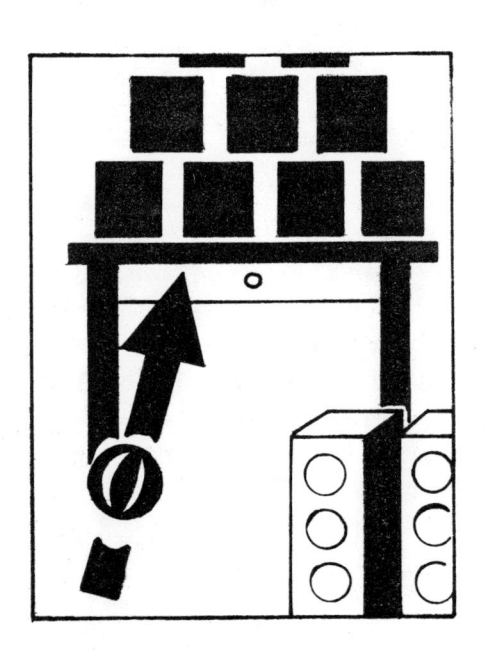

Dosen werfen

Wenn Blechdosen scheppernd auf den Fußboden fallen und recht viel Krach erzeugen, ist es den Kindern am liebsten. Diese Vorliebe der Kinder bauen wir in ein Spiel ein.

Auf zwei Stuhllehnen legen wir ein Brett und bauen darüber zwei oder drei Dosenreihen auf. Von einer zuvor festgelegten Abwurflinie versucht jeder Mitspieler, so viel Dosen wie möglich herunter zu werfen. Die heruntergefallenen Dosen werden gezählt und das Ergebnis mit Hilfe der schon genannten Steckbrettchen festgehalten.

Variation:
Wir kleben auf die Dosen Mengenbilder mit den Anzahlen 1—3. Die Dosen, die sich bei dem Stapel in der Mitte befinden, d.h. die das Herzstück bilden, erhalten die höchste Punktzahl, diejenigen an der Peripherie, die niedrigste. Da bei dieser Spielart höhere Punktzahlen erreicht werden, sollten den Mitspielern auch wieder zwei Steckbrettchen zum Festhalten der Ergebnisse zur Verfügung gestellt werden.

Mengen tragen

Ein amüsantes Spiel, das Kinder mit Vorliebe spielen.

Jedes Kind malt sich auf einen nicht zu kleinen Karton ein gut sichtbares Mengenbild. Dieses trägt es, wenn es an die Reihe kommt, vor sich her. Die Mitspieler schauen sich dieses Mengenbild genau an und legen es mit Hilfe von Mühle- oder Dominosteinen auf einer weissen Unterlage nach. Das Kind, das das Mengenbild vor sich her getragen hat, geht nun von Mitspieler zu Mitspieler und schaut, ob alle die Menge richtig gelegt haben.

Schließlich fordert es einen auf, zu sagen, wieviel Punkte auf seinem Mengenbild zu sehen sind.

Variation:

Die Kinder sitzen im Halbkreis. Ein Mitspieler trägt sein Mengenbild gut sichtbar vor sich her, dann ruft es ein Kind aus dem Halbkreis auf: *„Franz, wieviel Punkte siehst du?"* Nennt der Aufgerufene die richtige Menge, darf er als nächster ein Mengenbild vorstellen.

Punkte würfeln

Zuerst richten wir die Spielutensilien her. Jeder Mitspieler erhält einen Papierstreifen. Auf diesen malt jeder gleichviel Kreise.

Während des Spiels legt jeder seinen Streifen vor sich hin und würfelt, wenn er an die Reihe kommt. Die erwürfelte Anzahl überträgt er mit Hilfe von Muggelsteinen auf seinen Streifen. Einer wird zuerst seinen Streifen mit Muggelsteinen belegt haben.

Variation:

Vor dem Spiel werden die Regeln vereinbart:

a) Sieger ist der, der seinen Streifen zuerst voll hat.

b) Wer am Ende nicht die richtige Anzahl würfelt, muß solange würfeln, bis die entsprechende Menge erscheint.

c) Sieger ist der, der als letzter seinen Streifen voll hat.

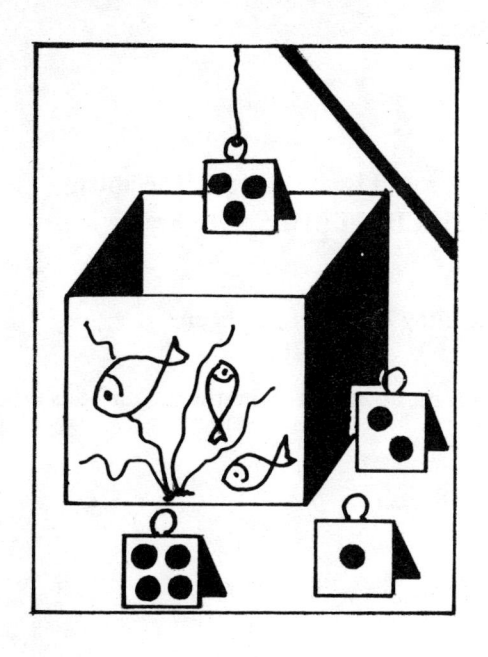

Angelspiel

Eine Verpackungsschachtel wie ein Bassin bemalt ist der Ausgangspunkt unseres Angelspiels. Außerdem knicken wir Kartonkärtchen einmal, heften an der Falzkante eine Büroklammer an und malen Mengenbilder darauf. Alle Mengenkärtchen kommen in das Bassin, werden gut gemischt und mit der Öse nach oben plaziert.

Der erste wagemutige Angler erhält eine Angel (Stock mit Haken an der Schnur) und soll sein Glück probieren.

Wird er einen gewichtigen Mehrpfünder herausziehen (hohe Punktzahl) oder ein Backfischchen (niedrige Punktzahl)?

Variation:
Eine erschwerende Komonente wird eingebaut. Der Angler angelt bei Nacht, d.h. es werden ihm die Augen verbunden.

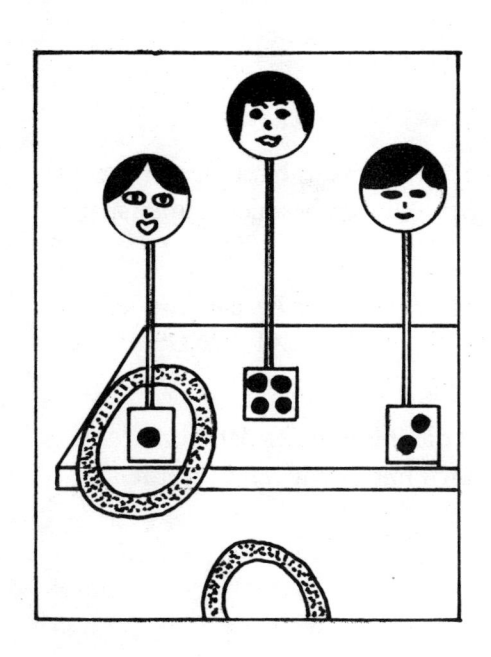

Ringe werfen

Die einfachste Form des Spiels „Ringewerfen" sieht so aus, daß in den weichen Boden Stöcke gesteckt werden. Jedem Stock wird ein Mengenbild zugeordnet und zwar dergestalt, daß dem von der Abwurflinie entferntesten Stock die höchste Punktzahl zukommt.

Als Wurfringe biegen wir elastische Zweige zu einem Ring und umwickeln die Enden mit Fäden. Von einer zuvor festgelegten Abwurflinie aus darf jeder Mitspieler drei Würfe ausführen.

Variation:
Mit einem Stöckchen ritzen wir eine kreisförmige Abwurflinie in den Sandboden, stecken in der Mitte einen Stock in den Boden und fordern die Mitspieler auf, von der Kreislinie aus drei Ringe über den Stock zu werfen.

Zählen

Das „Zählen" als Hinführung oder Festigung des Zahlbegriffs war und ist umstritten. Die ablehnende Haltung bezieht sich jedoch nur auf das AUSSCHLIESSLICHE ZÄHLEN. In Erziehungs- und Bildungsfragen liegt die Weisheit meist in der Mitte.

Kann man auf dem Weg über das Zählen zur sinnvollen Anwendung der Zahl gelangen?

Nein! Denn die Sprechfolge: *„eins, zwei, drei, vier"* führt noch nicht zu der Erkenntnis, daß das letzte „Wort" die Menge „vier" meint.

Um den Sinn dieses Sprachgebildes zu erfassen, ist es unerläßlich,

a) die vier Dinge als **gegliederte Einheit** zu sehen (Anzahl)

b) die „Vier" als die Menge zu sehen, die nach der „Drei" und vor der „Fünf" kommt (Stellenwert).

„NICHT ALLEIN DURCH BLOSSES ZÄHLEN WIRD DER ZAHLSINN GEWONNEN, SONDERN UMGEKEHRT, ERST DURCH DAS ORDNEN VON MENGEN IN BENANNTEN GRUPPEN KANN DAS AUFSAGEN DER ABZÄHLREIME SINNVOLL WERDEN."

Ja! Wenn sich ein Kind frühzeitig Zahlwörter aneignet, dann ist das zunächst mit Bewegung und Rhythmus verbunden.

Beispiel:
Abzählreim: *„Eins, zwei, drei, vier. Du mußt vor die Tür!"*

Es ist offenbar kein Zufall, daß die ersten Zahlwörter in vielen Sprachen aus einsilbigen Wörtern bestehen und dort verwendet werden, wo die Rhythmik von Bewegungen besonders unterstrichen werden soll.

Kleinkinder kommen zu den Zahlwörtern daher nicht aufgrund numerischer Bezüge, sondern sie verwenden die Zahlwörter, die für sie noch ohne jeden Inhalt sind, als GESTALTUNGSMITTEL und HILFSMITTEL bei der Rhythmisierung ihrer Bewegungen.

Es ist auch einsichtig, daß das Vorhandensein eines Zahlwortes die Bildung der Zahlbegriffe erleichtern muß. Die Form ist bereits vorhanden, sie muß nur noch mit Inhalt gefüllt werden.

Durch das Zählen wird eine Rangreihe hergestellt. Zuerst kommt das Kleinste (eins), dann das um eins größere (zwei), dann kommt wieder „eins" dazu (drei) . . . . . Die Reihe nimmt kontinuierlich zu.

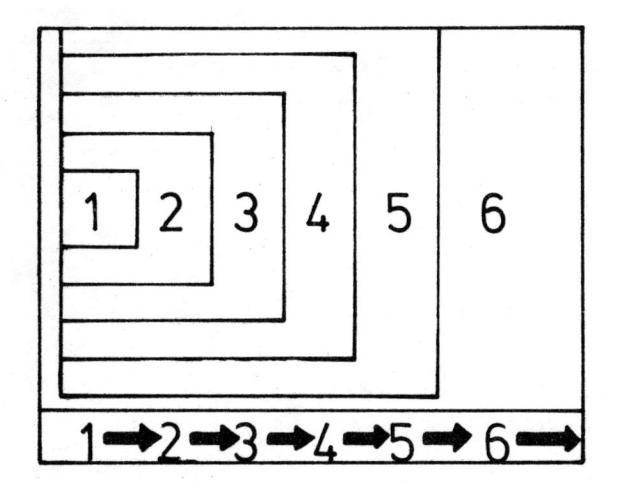

Das Vorausgehende ist immer im Nachfolgenden enthalten. Die „Zwei" ist in der „Drei" enthalten, sie ist darin eingeschachtelt. Die „Drei" ist wiederum in der „Vier" eingeschachtelt usw. Auf diese Weise ist die nachfolgende Zahl immer um ein Element größer als die vorausgehende.

Die „Zahl" und das ihr zugeordnete „Zahlwort" geben also die „Mächtigkeit" und gleichzeitig die „Stellung" dieser Menge im Insgesamt aller Mächtigkeiten, d.h. in der Rangreihe wieder.

Die Kinder erhalten durch das Zählen, vorausgesetzt, daß Spiele zur Gruppenbildung vorausgegangen sind, eine Vorstellung von der ZAHLENFOLGE als einem bestimmten und immer gleichbleibenden System in einem wahrnehmungsmäßig überschaubaren Bereich.

Dies ist auch die Grundlage für das Bestehen der Zahlbegriffe beim Erwachsenen. Dieser besitzt zwar das Zahlwort „eine Million" und kann damit rechnerisch umgehen, aber einen „Begriff" davon hat er nicht mehr.

Sinnvolles Zählen setzt daher Reihenbildung voraus.

Methodische Anmerkung

Die hier beschriebene Vorgehensweise darf nicht so verstanden werden, daß immer und überall zuerst alle Spiele, die die Rangreihe betreffen, durchgespielt werden müssen und dann zu denen des Zählens übergegangen werden soll.

Es kann durchaus sinnvoll sein, beide SPIELABSICHTEN zu vermengen oder einmal ein Spiel dieser Art und dann ein Spiel jener Art den Kindern anzubieten.

Abzählreime

Eins, zwei, drei, vier, fünf, sechs, sieben.
Wo bist du so lang geblieben?
Bei dem Schuster dick, dick, dick,
der hat meine Schuh geflickt.

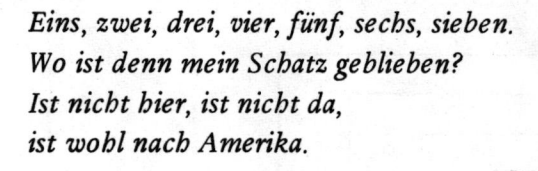

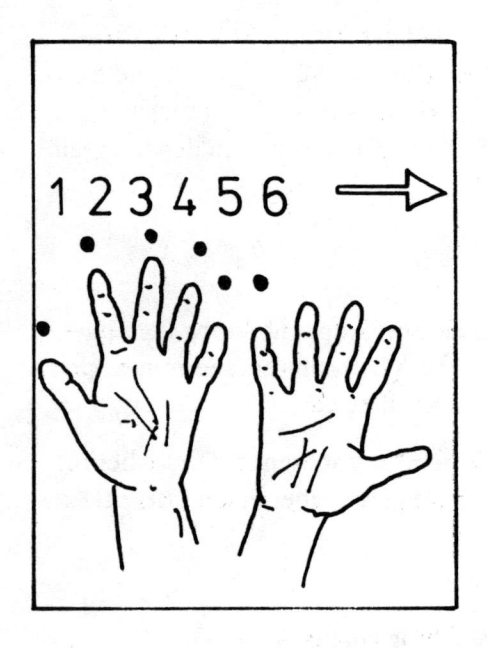

Eins, zwei, drei, vier, fünf, sechs, sieben.
Wo ist denn mein Schatz geblieben?
Ist nicht hier, ist nicht da,
ist wohl nach Amerika.

Eins, zwei, drei, vier, fünf, sechs, sieben.
Eine Frau, die kochte Rüben,
eine Frau, die kochte Speck,
für die Hasen Schnepfendreck.

Abends, wenn ich schlafen geh,
vierzehn Engel um mich stehn,
zwei zu meiner Rechten,
zwei zu meiner Linken,
zwei zu meinen Häupten,
zwei zu meinen Füßen,
zwei, die mich decken,
zwei, die mich wecken,
zwei, die mich weisen
in das himmliche Paradeischen.

Rangreihen bilden

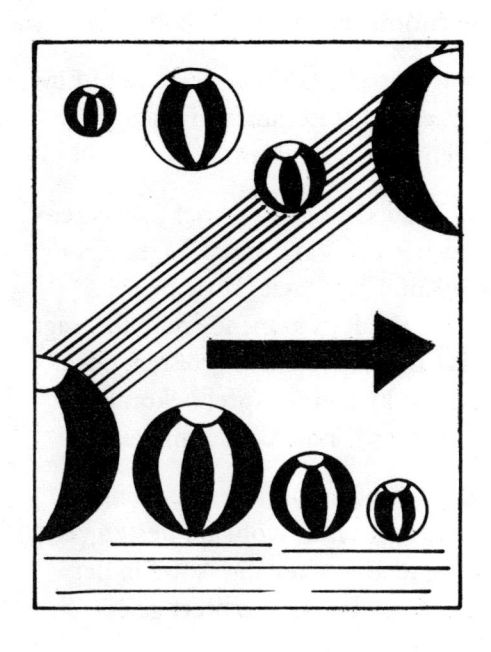

Bälle nach der Größe ordnen

Der Erwachsene trägt einen Korb mit lauter Bällen ins Zimmer und schüttet ihn aus. Die Bälle rollen in alle Richtungen davon. Der Erwachsene bittet die Kinder um Mithilfe beim Einsammeln.

Aber halt! Die Bälle sollen ja nicht einfach eingesammelt und wieder in den Korb gelegt, sie sollen jetzt nach der Größe sortiert werden. Jedes Kind hat einen Ball in der Hand.

„Das Kind mit dem größten Ball stellt sich hier als erstes an die Wand. Daneben stellt sich das Kind, dessen Ball ein wenig kleiner ist. Ganz zum Schluß soll sich das Kind mit dem kleinsten Ball hinstellen."

Den Kindern wird Zeit gelassen, um viel zu experimentieren. Erst wenn der Erwachsene sieht, daß sie nicht zu recht kommen, gibt er Hinweise: *„Claus, lege deinen Ball auf den Tisch, Sabine, lege deinen daneben. Vergleicht die Größen! Ordnet sie nach der Größe und dann stellt euch auf."*

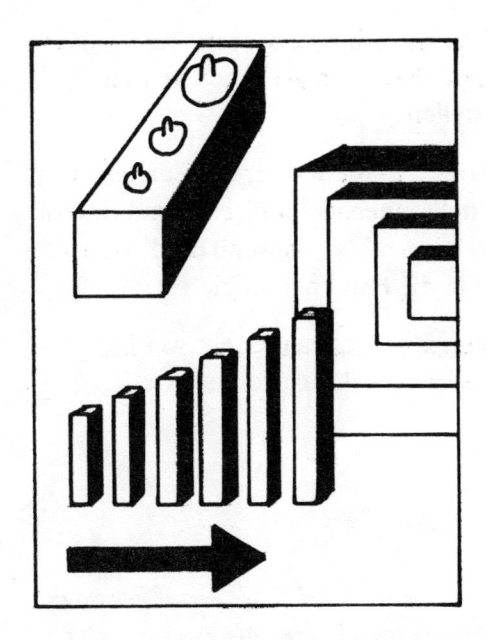

Montessori-Material

In den meisten Kindergärten wird das sogenannte Montessori-Material vorhanden sein. Das sind beispielsweise Holzblöcke mit einsteckbaren unterschiedlich großen Walzen, Vierkantstäbe, die je nachdem kürzer oder länger sind und rechteckige Holztafeln unterschiedlicher Größe. Je nach Mitivation und Spielabsicht kann das Kind eine Fülle von Rangreihen bilden.

1) Bei dem Spiel mit den Steckwalzen ist die Ordnung, nach der einzelne Walzen eingesteckt werden sollen, vorgegeben. Daher wird in der Regel auch dieses Material den Kindern als erstes angeboten.

2) Der Erwachsene legt das kürzeste Vierkantstäbchen hin und fordert das Kind auf, dasjenige aus den übrigen herauszusuchen, das etwas länger ist. Liegt dies neben dem ersten, wird wieder dasjenige Stäbchen gesucht, das etwas länger ist als das zweite usw.

3) Das Kind erhält das Material mit der Aufforderung, es nach der Größe zu ordnen.

Einsetzbretter

Der Spielwarenhandel bietet eine Fülle von Einsetzbrettern mit verschiedenen Motiven an.

Neben dem Montessori-Material (s.d.) werden diese Einsetzbretter mit zu den ersten Materialien, die nach der Größe geordnet werden sollen, gehören.

Der Erwachsene erzählt die Geschichte einer „Zwergenfamilie" und berichtet wie der Vater eines Tages einen Korb roter und reifer Äpfel mit nach Hause bringt. Damit es aber unter den Kindern keinen Streit gibt, sagt er gleich dazu, daß das älteste Kind den größten, das nächst jüngere den nächst kleineren Apfel bekommt usw. Insgesamt gehören vier Kinder zur Familie.

Der Erwachsene und die Kinder überlegen gemeinsam, wie sie die Äpfel (Einsetzmaterial) wohl am besten verteilen können. Anschließend werden die Äpfel in der entsprechenden Reihenfolge in das Setzbrett gelegt.

Natürlich kann man die Kinder anfangs auch sich selbst überlassen, aber dann besteht die Gefahr, daß sie nach der Methode des Versuchs und Irrtums vorgehen. Sie sollen jedoch ihren Verstand einsetzen und nicht nur hantieren.

Pappröllchen

Mit wenig Material lassen sich Spielsachen, die im Rahmen eines Spiels der Größe nach geordnet werden können, selbst herstellen.

Dieses hat den Vorteil, daß die Kinder am Entstehen mit beteiligt sind. Das stellt einen viel innigeren und intensiveren Bezug zu den Dingen her, als wenn die Kinder vorgefertigtes Material in die Hand bekommen.

Wie die Pappröllchenmännchen hergestellt werden, ist aus der nebenstehenden Abbildung zu ersehen.

„Familie Schneegugl unternimmt einen Ausflug. Sie wandern über die Heide. Als erster geht der Vater, denn er kennt den Weg und hat außerdem die Wanderkarte umhängen. Als zweites folgt die Mutter mit dem Netz voller belegter Brote, hinter der Mutter geht der älteste Sohn, dann kommt die mittlere Schwester und den Schluß bildet der kleine Bruder. Jedes Kind hat einen Rucksack auf dem Rücken."

Der Erwachsene stellt die unterschiedlich großen Papprollmännchen wahllos auf den Tisch und fordert die Kinder nach der Erzählung auf, die Familienangehörigen wie in der Erzählung zu postieren.

Käferstraße

Die Pappkäfer sind schnell hergestellt. Auf einem Stück Karton zeichnen wir die Umrisse eines Käfers auf, schneiden sie aus und verwenden die Form als Schablone für weitere Käfer. Beim Aus- und Anmalen des Käferrücken achten wir darauf, daß unterschiedlich viele Farbtupfer angebracht werden. Ein Käfer hat einen, ein anderer zwei, ein weiterer drei Tupfer usw.

Die Kinder erhalten die Käfer zum freien Spiel. Nach einer gewissen Zeit bringt der Erwachsene einen Spielvorschlag ein. Er zeichnet auf den Fußboden eine Strasse. Darauf sollen die Käfer hintereinander in Anlehnung an ihre Punktzahl entlangmarschieren.

Zuerst kommt der, der am leichtesten zu tragen hat, nämlich der mit einem Punkt, dann der mit zwei Punkten usw.

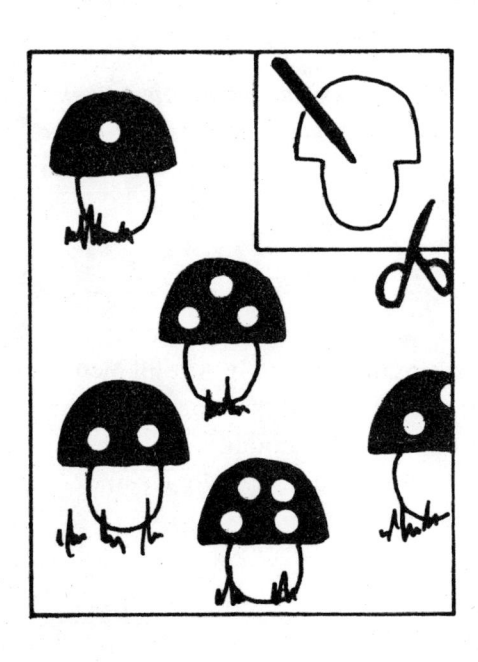

Pilze sammeln

Wir basteln zusammen mit den Kindern viele Kartonpilze. Das Herstellungsverfahren ist denkbar einfach (s. Käferstraße). Je mehr Pilze wir ausschneiden und anmalen, desto interessanter wird das nachfolgend beschriebene Spiel

Der Erwachsene verteilt die Vielzahl der Pilze im Spielhof oder im Raum. Jedes Kind erhält ein Täschchen (Körbchen) mit dem Auftrag, die Pilze zu sammeln. Mit Eifer begeben sich die Kinder an die Arbeit. Sie sammeln alle Pilze, die sie finden. Hernach müssen die Pilze, sofern sie auf dem Wochenmarkt verkauft werden sollen, sortiert werden. Die Pilze mit einem Punkt werden auf einen Haufen gelegt, die mit zwei Punkten auf einen anderen usw. Am nächsten Tag wird ein Marktstand aufgebaut und das Verkaufen beginnt.

Variation:
Jedes Kind oder jede Kleingruppe erhält einen besonderen Auftrag. Es sollen nicht mehr wahllos alle Pilze gesammelt werden, sondern Peter sammelt diejenigen mit ein und zwei Punkten, Claudia diejenigen mit drei und vier Punkten usw.

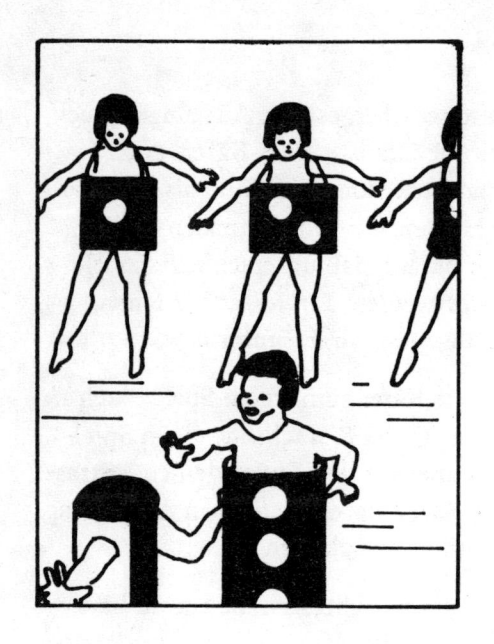

Still eine Reihe bilden

Jedes Kind erhält ein großes Stück Karton. Darauf soll es eine Anzahl von Punkten kleben oder malen. Die Technik und die Art und Weise des Herstellens solcher Mengenkarten richtet sich jeweils nach dem Alter und dem erreichten motorischen Geschicklichkeitsgrad des Kindes.

Der Erwachsene erklärt das Spiel: *"Wenn ich ganz zart auf den Gong schlage, stellt ihr euch ohne ein Wort zu sprechen an der Wand in einer Reihe auf. Am Anfang steht das Kind mit einem Punkt, am Ende dasjenige mit sechs Punkten. Beteiligen sich viele Kinder am Spiel, werden einfach zwei Reihen gebildet.*

Variation:
Ein Spiel, das sich auch für Spielfeste eignet. Jedes Kind klebt sich aus Kartonpapier (Packpapier) eine Papierrolle zusammen, schneidet zwei Löcher für die Arme aus und malt sich unterschiedlich viele Knöpfe auf.

Ein Spielleiter erteilt Anordnungen: *"Alle Kinder mit drei Knöpfen gehen zur Wand, diejenigen mit fünf Knöpfen sammeln sich an der Tür ... So jetzt stellen sich alle Knopfleute in einer Reihe auf ...*

Mengenbilder reihen

Wieder stellen wir gemeinsam eine große Anzahl Mengenbilder her. Am sinnvollsten wird es jedoch sein, wenn wir uns eine Sammlung von Mengenbildern anlegen. Diese können wir für die unterschiedlichsten Spiele und Vorhaben immer wieder verwenden.

Beispiel:
Der Erwachsene verteilt einige Mengenbilder im Raum. Dann sagt er den Kindern, daß sie soviel Reihen wie möglich bilden sollen. An jede der vier Wände legt er eine Steckleiste hin.

Die Kinder gehen im Raum umher, nehmen sich jeweils eine Mengenkarte und ordnen sie der Reihe und der Leiste zu, bei der gerade diese Mengenkarte fehlt.

Variation:
Der Erwachsene wirft alle Mengenkarten in einen Sack. Jedes Kind darf eine Karte blind herausnehmen und soll sie an die entsprechende Stelle bringen.

Rangreihe durch Verbindungsschnüre

Auf dem Fußboden liegen in weitem Abstand voneinander nicht zu kleine Mengenkarten. Der Erwachsene erklärt die Vorgehensweise: *„Ich habe hier einige Schnüre. Schaut, was ich damit mache. Ich beginne bei dem Mengenbild mit einem Punkt. Wo liegt es? Ach, ja hier! Von hier aus lege ich die Schnur zu dem Mengenbild mit zwei Punkten und von dort aus lege ich eine neue Schnur zu dem Mengenbild mit den drei Punkten. Wenn ich so weitermache, bin ich am Ende bei dem Mengenbild mit sechs Punkten angelangt. Alle Mengenbilder sind mit Schnüren miteinander verbunden. Wer traut sich zu, den Schnüren in der richtigen Reihenfolge entlangzugehen? Die anderen passen auf, daß er bei der Mengenkarte „eins" beginnt, dann keine überspringt und am Schluß bei der Mengenkarte „sechs" ankommt."*

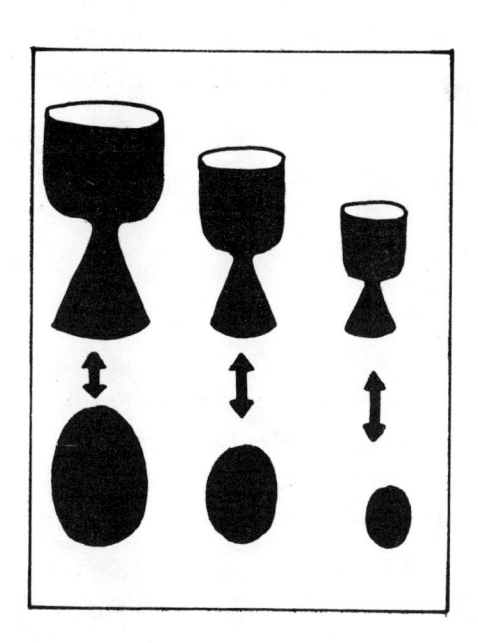

Zwei Parallelreihen bilden

Die Kinder werden nach dieser Vielzahl von Spielen, die sich mit der Bildung von Rangreihen beschäftigen, solche ohne allzu große Schwierigkeiten herstellen können. Wird es ihnen aber auch möglich sein, zwei parallele Reihen nebeneinander zu bilden?

Wir nehmen dazu zwei Gegenstände, die einen Sinnbezug zueinander haben. Das sind z.B. Eier und Eierbecher. Also geben wir dem Kind unterschiedlich große Eierbecher (Bildkarten) und lassen sie der Größe nach hintereinander stellen. Dann geben wir ihm die gleiche Anzahl Eier (Bildkarten), die sich ebenfalls proportional in der Größe wie die Eierbecher voneinander unterscheiden. Diese sollen sie genau unter die Eierbecher reihen, so daß das größte Ei unter dem kleinsten Eierbecher liegt und das kleinste Ei unter dem kleinsten Eierbecher. Eine nicht ganz leichte Aufgabe, die hier von den Kindern verlangt wird.

Bildergeschichten (Auswahl)

Hans-guck-in-die-Luft

Bildergeschichten, die den Kindern später in den Comics wohl vertraut sein werden, gründen auf einer fortlaufenden Handlung. Beim Verstehen dieser Handlung muß eine logische Reihenfolge eingehalten werden.

Der Erwachsene erzählt eine lustige Geschichte vom „Hans-guck-in-die-Luft" und legt bei jedem Schlüsselereignis ein weiteres Bild von rechts nach links in einer Reihe auf den Tisch.

1) Die Mutter sagt zu ihrem Hans: *„Sei so gut und bring der Nachbarin das Ei. Sie hat darum gebeten. Aber schau nicht in die Luft, sondern auf den Weg* (Bild 1). Der Hans macht sich auf den Weg, sieht den Vögeln am Himmel nach und denkt nichts (Bild 2). Daher sieht er nicht den Stein, der mitten auf dem Weg liegt. Er stolpert und fällt darüber (Bild 3). Nun liegt das Ei auf der Erde. Es ist zerbrochen (Bild 4). Was wird die Mutter sagen?

Der Erwachsene erzählt die Geschichte ein zweitesmal und fordert die Kinder auf, das richtige Bild zum richtigen Zeitpunkt hinzulegen.

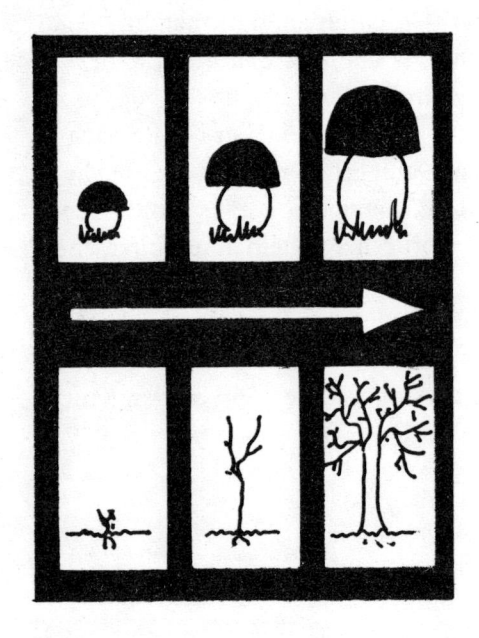

Pflanzen wachsen

Manche Vorgänge oder Ereignisse tragen in sich eine logische Reihenfolge. So durchlebt jedes Lebewesen verschiedene Stadien. Es wird geboren, es keimt, es sprießt, wächst langsam heran und wird immer größer.

Der Erwachsene erzählt den Kindern von dem Keim- und Wachstumsvorgang der Pflanzen und malt während des Erzählens eine immer größer werdende Pflanze auf drei bis vier Karten. Das Kind hört das Gesagte, sieht das Gemalte und erkennt, daß alles in einer Reihenfolge geschieht.

Bei einer anderen Geschichte darf es an der richtigen Stelle die entsprechenden Bilder in einer Reihe auf den Tisch legen.

Zahlbestimmung

Wieviel Dinge sind das?

Wenn bisher Dinge gezählt wurden, dann geschah dies eher so nebenbei aber noch nicht mit einer ausschließlichen Absicht. Außerdem wurden meistens Dinge, die irgendwie zusammengehören, gezählt.

Das Kind soll aber lernen, den Zählakt in den verschiedensten Situationen und bei den unterschiedlichsten Dingen durchzuführen.

Der Erwachsene arrangiert verschiedene Dinge auf dem Tisch, macht ein fragendes Gesicht, deutet mit dem Finger das Zählen durch ein gebärdenhaftes Antippen der Gegenstände an und fragt schließlich die Kinder, sofern diese sich bis jetzt nicht motivieren ließen, was sie nun tun könnten?

"Ich möchte von euch wissen, wieviel Dinge auf dem Tisch liegen. Wer sieht es mit einem Blick? Wer kann sie laut zählen?" Zeigen einige Kinder noch Schwierigkeiten, werden die Dinge laut im Chor gezählt.

Zähle immer 3 ab

Der Erwachsene legt auf den Fußboden Dinge verschiedener oder gleicher Art. Vielleicht ist es sinnvoller, anfangs das Zählen mit gleichen Gegenständen mit einem Spiel zu beginnen.

"Schaut, hier liegen viele Dinge. In der Hand habe ich einige Schnüre. Ich zähle immer drei Dinge ab — eins, zwei, drei — und lege um diese drei Dinge die Schnur. Das mache ich solange, bis ich keine Schnüre mehr habe oder bis alle Dinge auf dem Tisch zu Dreiergruppen zusammengefaßt sind.

Variation:
Auf dem Fußboden liegen eine Anzahl Gymnastikreifen.

a) Ein Spielführer zählt immer drei Kinder ab und schickt sie in den Reifen.

b) Die Mitspieler stellen sich in einer Reihe an der Wand auf. Die Kinder zählen von eins bis drei ab und steigen dann als Dreiergruppe in den Reifen.

Personenzug

Auf einem langen Stück Papier (Makulaturpapier) malen der Erwachsene und die Kinder zusammen die Umrisse eines Personenzuges mit mehreren Waggons. Jedes Kind darf sich einen Waggon aussuchen, ihn anmalen und soviel Reisende, wie es möchte, mitfahren lassen. Damit jeder auch sofort sieht, wieviel Personen sich im Wagen befinden, nehmen sie der Reihe nach und gut sichtbar am Fenster Platz.

Die Kinder stellen sich im Halbkreis um den an der Wand hängenden Fries und vergleichen die Waggons miteinander.

„Wer hat diesen gelben Waggon mit den blauen Streifen gemalt? Wieviel Personen sitzen in diesem Waggon? Wieviel von diesen Personen sind Kinder? In dem vorhergehenden Waggon saßen fünf Personen. Hier sitzen sechs Personen. In welchem Waggon sitzen mehr Personen?"

Vor dem Fries werden sechs bis sieben Stühle hintereinander gestellt. Auf den Stühlen sollen jeweils soviel Kinder Platz nehmen, wie sich Personen in den einzelnen Waggons befinden. Die übrigen Mitspieler vergleichen und zählen.

Dinge im Korb

Der Erwachsene stellt einen Korb mit Spielsachen, kleinen Haushaltsgegenständen und sonstigen Dingen, die das Kind gut kennt und von denen immer mehrere vorhanden sind, auf den Tisch und läßt die Kinder darin herumkramen. Dann fordert er sie auf, die Dinge auf dem Tisch zu sortieren, so daß immer die gleichen Sachen beieinander liegen.

Je nach Spielsituation kann er schon jetzt nach der Anzahl der Dinge fragen: *„Wieviel kleine Löffel liegen da? Sind es mehr kleine Löffel als Gabeln?"*

Nach dem Sortieren und dem Zählen stellt der Spielleiter mehrere kleine Schalen in erreichbarer Nähe der Kinder auf und verteilt seine Aufträge:

Claudia, lege bitte drei kleine Löffel in diese Schale!
Helmut, lege bitte vier rote Bauklötze in jene Schale!
Heike, zähle bitte fünf Tennisbälle in diese Schale!

Sind alle Aufträge richtig ausgeführt, erhalten die Kinder ein großes Lob und sollen sich jetzt selbst gegenseitig kleine Aufträge erteilen.

Geschichten spielen

Der Erwachsene erzählt eine Geschichte, bei der in bestimmten Stituationen gezählt werden muß und ermuntert die Kinder, diese Geschichte nachzuspielen.

Beispiel:

Die Familie Schäfer mit Vater, Mutter und vier Kindern wohnt in einem Dorf in der Nähe einer Stadt. Am nächsten Morgen möchten alle mit dem Bahnbus zum Einkaufen fahren. Der Vater verlangt beim Schaffner sechs Fahrkarten: Zwei für die Erwachsenen und vier für die Kinder, 1, 2, 3, 4 für die Kinder.

Im Kaufhaus gibt es vier Stockwerke. Familie Schäfer möchte zuerst ins oberste Stockwerk. Im Fahrstuhl dürfen acht Personen mitfahren. Der Fahrstuhlfahrer zählt die mitfahrenden Personen ab. 1, 2, 3, 4, 5, 6. Es können noch zwei Personen mitfahren.

Im Kaufhaus gibt es viel zu sehen: Spielsachen, Kleidung, Mäntel, Haushaltsgegenstände, Schuhe usw., Familie Schäfer braucht neues Geschirr. Die Verkäuferin stellt das Geschirr auf die Theke. Sie zählt die Tassen ab: 1, 2, 3, 4, 5, 6. Sie zählt die Untertassen ab: 1, 2, 3, 4, 5, 6. usw.

Zum Schluß gehen Schäfers in das Restaurant im untersten Stockwerk. Alle bestellen sie ein Eis mit Sahne. Die Bedienung bringt das Eis auf einem Tablett. Sie stellt die Eisbecher auf den Tisch und zählt: 1, 2, ...

Versteckspiel

Die Kinder spielen gern „Verstecken".

Ein Kind stellt sich mit dem Gesicht zur Wand und beginnt zu zählen. Währenddessen müssen sich die übrigen Kinder schnell verstecken. Nach dem Aufsagen der Zahlenreihe darf sich das suchende Kind umdrehen und mit der Suche beginnen.

Zahlenreihen:

Eins, zwei, drei, vier, fünf, sechs, sieben. Achtung, ich komme!

Eins, zwei, drei, vier, fünf, sechs, sieben, acht. Wer noch nicht versteckt ist, nimmt sich in Acht!

Eins, zwei, drei, vier, fünf, sechs, sieben, achte. Nun schleich ich sachte!

Eins, zwei, drei, vier, fünf, sechs, sieben, acht, neun, zehn!
Jetzt läßt sich niemand mehr sehn!

Kaiser, wie weit darf ich reisen?

Alle Kinder stehen in gleicher Entfernung vor einer Wand (etwa zehn Meter). Der „Kaiser" dreht sich mit dem Gesicht zur Wand.

Die Kinder müssen versuchen, sich der Wand Schritt für Schritt zu nähern. Sie fragen nacheinander: *„Kaiser, darf ich reisen?"* Antwortet der Kaiser mit *„Ja"*, fragen sie weiter: *„Wieviel Schritte denn?"* Der Kaiser nennt nun die Zahl der erlaubten Schritte — eventuell schreibt er auch die Art der Schritte vor: Mäuseschritt (Fuß vor Fuß setzen) oder Elefantenschritt (ausholender Schritt).

Um den Kaiser zu verwirren, täuschen die Kinder ihn, indem sie ihre Stimmen verstellen. Auf diese Weise kann der Kaiser keinen bevorzugen. Wer zuerst beim Kaiser anlangt und ihn abschlägt, darf bei der nächsten Runde seinen Platz einnehmen.

Mutter, wann muß ich zu Hause sein?

Ein zuvor ausgezähltes Kind darf die Mutter sein. Sie steht ihren „Kindern" in einem Abstand von 10 (20) Metern in einem gekennzeichneten „Haus" gegenüber.

Das erste Kind ruft ihr zu: *„Mutter, wann muß ich zu Hause sein?"* Die Mutter nennt eine Uhrzeit, worauf das betreffende Kind, mit 1 beginnend für jede Stunde einen Schritt in Richtung auf das Haus zugeht.

Dann ist das nächste Kind an der Reihe. Wer ist zuerst zu Hause? Wer darf am längsten draußen spielen?

Variation:
Sollen an solchen Rollenspielen Rollstuhlkinder teilnehmen, muß zuvor vereinbart werden, welche Radumdrehung einem großen Kinderschritt entspricht.

Wettanziehen

Ein lustiges Spiel, bei dem die im Hintergrund zählende Kinderschar den Rahmen bildet.

Ein besonders mutiger Mitspieler beginnt. Er bekommt einen Mantel, eine Mütze, einen Schal und ein Paar Handschuhe. Diese Kleidungsstücke darf er in aller Ruhe und mit Bedacht anziehen. Das eigentliche Spiel fängt erst mit dem Ausziehen an, d.h. der Kinderchor beginnt zu zählen. Sobald das erste Zahlwort ertönt, beginnt der Mitspieler sich auszuziehen. Währenddessen wird kontinuierlich und mit gleichbleibender Geschwindigkeit weitergezählt. Ein Schiedsrichter paßt auf, bei welchem Zahlwort der Mitspieler sein letztes Kleidungsstück auf den bereitgestellten Stuhl legt. Eine neue Runde beginnt. Wer möchte jetzt feststellen, wie schnell er sich ausziehen kann.

Variation:
Einen größeren Schwierigkeitsgrad stellt das Anziehen dar. Allein das Zuknöpfen benötigt mehr Zeit als das Aufknöpfen. Es ist auch in das Belieben gestellt, welche Kleidungsstücke aus- oder angezogen werden sollen.

Seiltänzer

In der Gymnastik- oder Sportstunde bieten sich viele Möglichkeiten, das Zählen als ein wichtiges Element in den Spielablauf mit einzubeziehen.

Beispiel:
Eine Schwedenbank wird mitten in den Raum gestellt. Jedes Kind darf einmal über die Bank laufen. Dabei wird darauf geachtet, daß es Balance halten kann und sicher seinen Fuß auf das schmale Brett aufsetzt. Beim zweiten Durchgang werden mehr oder weniger hohe Hindernisse auf die Bank gestellt. Jedes Kind soll über soviel Hindernisse steigen wie es kann. Die zuschauenden Kinder zählen die Hindernisse, die überstiegen werden, mit.

Die Kinder klettern an der Sproßenwand hoch. Natürlich werden sie am Anfang nicht alle auf einmal emporklettern können und wollen. Die Sprossen, die erklommen werden, zählen die zuschauenden und vielleicht auch anfeuernden Kinder.

Bilder sammeln

Wenn Kinder im Haus sind, wird jede Illustrierte, jedes Werbematerial dreimal durchgesehen, ob nicht brauchbare Bilder darin enthalten sind. Alle Bilder, auf denen ein oder mehrere gleiche oder nicht gleiche, aber dem Kind bekannte und optisch gut gestaltete Dinge zu sehen sind, werden auf ein einheitliches Format zugeschnitten, auf Pappdeckel aufgeklebt und in einem Schuhkarton gesammelt. Auf diese Weise erhalten wir nach und nach eine Sammlung mit Mengen- und Anzahlkarten.

Spielmöglichkeiten:
Eine gewisse Anzahl von Anzahlkarten werden wahllos auf dem Tisch ausgebreitet und die Kinder sollen sie hinsichtlich der jeweiligen Anzahlen sortieren.

Der Spielleiter hebt eine Karte mit einer bestimmten Anzahl hoch und ermuntert die Mitspieler, eine andere Karte mit der gleichen Anzahl aus dem Haufen zu suchen.

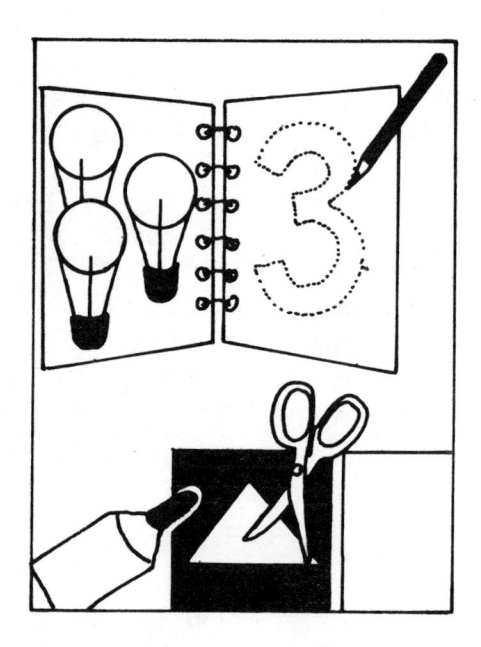

Zahlenbuch

So wie es die „Ersten Bilderbücher" für die Kinder gibt, können auch „Zahlenbücher" gemeinsam mit den Kindern gebastelt werden.

Beispiel:
Wir lochen jeweils zwei DIN A 4 Kartonblätter, legen sie nebeneinander auf den Tisch und zeichnen auf das linke Blatt eine Ansammlung von drei gleichen Gegenständen und auf die rechte Seite das entsprechende Mengenbild (s.Abb.). Weil wir später sowieso noch auf die Ziffern zu sprechen kommen werden, punktieren wir die Umrisse gleich vor. Haben wir für die Zahlen 1–10 je zwei Seiten bemalt, schnüren wir alle Blätter samt den Umschlagseiten zu einem handlichen Buch zusammen.

Beim nachfolgenden Durchblättern schauen wir uns die Dinge an, lassen sie benennen, fragen nach der Anzahl und ermuntern zum Zählen.

Tisch decken für neun Kinder

Im Kindergarten wird jeden Tag der Tisch für das zweite Frühstück, eventuell für das Mittagessen und für das Vesper gedeckt. Wieviel Kinder sind heute in der Gruppe? Wir zählen schnell die Kinder. Möglicherweise haben wir sogar einen Plan aufgestellt, der die Reihenfolge der „amtlichen Tischdecker" regelt. Jedenfalls müssen wir genauso viele Teller, Untertassen und Tassen von der Anrichte holen wie Kinder gezählt wurden.

Ist die Kinderschar größer als unser momentanes Zählvermögen reicht, dann bitten wir, daß sich die zu zählenden Kinder in gleich großen Gruppen aufstellen. Nun müssen nur die Anzahl der Mitglieder einer Gruppe und die Anzahl der Gruppen gezählt werden (3 x 3). Analog zu diesem Zählergebnis werden die Teller, Tassen usw. auf der Anrichte gruppiert.

„Es sind drei Kinder in jeder Gruppe. Also stellen wir einmal die Tassen hintereinander. Das ist eine Gruppe. Wieviel Gruppen haben wir gezählt? Ah, jetzt versuchen wir einmal alle Tassen durchzuzählen."

Plätze tauschen

Alle Mitspieler sitzen in einem Stuhlkreis. In der Mitte liegt ein nicht zu kleiner Würfel. Der Spielleiter erklärt das Spiel: *„Das Kind, das rechts von mir sitzt, holt den Würfel und würfelt.*

Zeigt der Würfel z.B. drei Augen (Punkte), dann zählt es von seinem Platz aus drei Stühle nach rechts ab und setzt sich dort auf den Stuhl. Der alte Platzhalter muß aufstehen und seinen Platz für das neue Kind frei machen. Dafür würfelt aber jetzt er und sucht sich entsprechend der erwürfelten Augen einen neuen Platz.

Varitaion:
Die Stühle des Stuhlkreises werden vor dem Spiel mit entsprechenden Mengenkärtchen versehen. Die Kinder dürfen sich entsprechend der erwürfelten Anzahl setzen.

Ordnungszahlen

Sprung von der zweiten Stufe

Die Kardinalzahl gibt an, wieviel Elemente eine Ansammlung umfaßt. Die Ordinalzahl (Ordnungszahl) sagt, an welcher Stelle sich das einzelne Element innerhalb einer gedachten oder konkreten Reihe befindet.

Die Kinder klettern gerne über etwas darüber oder steigen auf Treppen, um dann wieder herunterzuspringen.

Wir greifen diese Situation auf und nennen den Mitspielern die Stufe, von der sie herunterspringen oder die sie ersteigen sollen.

„Steige auf die dritte Stufe! So, jetzt steige wieder herunter auf die erste Stufe und springe dann herunter."

Variation:
Während der Turn- oder Spielstunde werden in Abständen hintereinander Keulen aufgestellt. Ein Kind darf der Spielleiter sein und sagen, wer bis zu welcher Keule und um sie herum laufen soll.
„Martin, laufe um die vierte Keule und komme wieder zurück!"

Kinder spielen „Eisenbahn"

„Kommt Kinder, heute spielen wir Eisenbahn. Stellt euch in einer Reihe hintereinander auf und faßt euch mit beiden Händen an den Schultern. Sch, sch, sch die Eisenbahn, sie fährt über Berg und Tal. Sie fährt bis nach Liedelstein und es fahren Groß und Klein, alle mit der Eisenbahn, Halt! Das dritte Kind steigt aus. Achtung, die Fahrt geht weiter...."

Variation:
Im Zimmer werden immer vier Stühle hintereinander aufgestellt. Wer mit dem Sonderexpress mitfahren möchte, der muß eine Platzkarte kaufen.

„Es sind drei Waggons vorhanden. Ihr Platz ist im zweiten Waggon der dritte Stuhl!"

„Sie möchten auch noch mitfahren? Sie haben Glück, es ist noch ein Platz frei. Es ist der vierte Stuhl im dritten Waggon!"

Busfahrt

Vielleicht haben die Kinder in der Gruppe schon eine gemeinsame Busfahrt erlebt. Was gibt es da für ein Gedränge um die Fensterplätze.

Nachdem der Erwachsene eine Geschichte von einer Busfahrt erzählt hat und gemeinsam Möglichkeiten erarbeitet wurden, wie das Gedränge vermieden werden kann, wird diese Situation nachgespielt.

Der Erwachsene malt auf einen großen Karton oder auf Packpapier die Umrisse eines Busses und stellt einige Spielfiguren dazu. Jedes Kind darf sich mit einer Figur identifizieren.

„Während der Hinfahrt sieht die Platzverteilung so aus: Auf der ersten Bank sitzen Petra und Michael, Michael sitzt am Fenster; auf der zweiten Bank sitzen Gerhard und Annemarie, Annemarie sitzt am Fenster . . . . . . Wie wird die Platzverteilung auf der Rückfahrt aussehen?"

Variation:
Im Zimmer werden Stuhlreihen ähnlich der Anordnung eines Busses aufgestellt. Die Kinder sagen zuvor, auf welchem Platz sie während der Fahrt sitzen möchten.

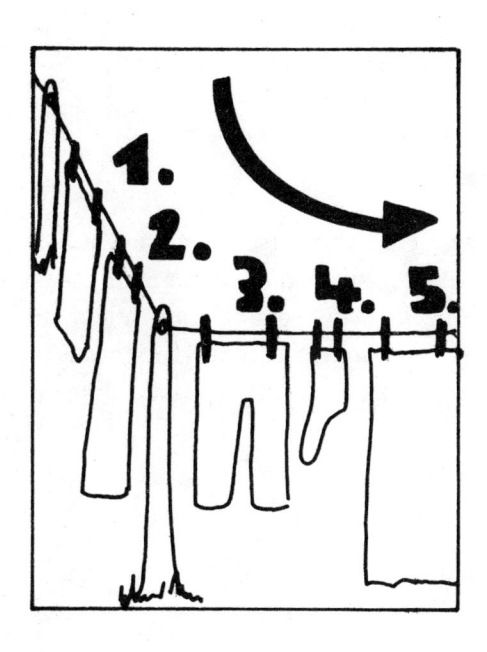

Wäsche aufhängen

Heute ist großer Waschtag. Jedes Kind hat von zu Hause ein Kleidungsstück, das es in der Gruppe waschen möchte, mitgebracht. Es ist ein Leben und ein Durcheinander, bis jedes Kind sein Kleidungsstück gewaschen und aufgehängt hat.

Nachdem nun alles vorbei ist und die Kinder im Halbkreis vor ihrer sichtbar geleisteten Arbeit sitzen, darf jeder sagen, welche Erfahrungen er beim Waschen, Auswringen, Aufhängen sammeln konnte und wo sein Wäschestück auf der Leine hängt: *„Meine Unterhose hängt an dritter Stelle." Die Bluse, die ich gewaschen habe, hängt hinter dem gelben Handtuch. Ich zähle einmal ab . . . . Es ist der sechste Platz."*

Variation:
Die Kinder malen auf einem nicht zu kleinen Stück Papier ein Wäschestück. Dieses Bekleidungsstück wird mit Wäscheklammern auf eine quer durch den Raum gespannte Leine aufgehängt. Im weiteren Verlauf der Unterhaltung wird die jeweilige Position des Wäschestücks bestimmt.

Umgang mit Mengen und Zahlen

Der Umgang mit Mengen und Zahlen im Vorschulalter erleichtert die späteren Rechenoperationen, die ja ein gewisses Maß an Abstraktionsvermögen verlangen. Die Zahl ist einmal Symbol für alle gleichmächtigen Mengen und zum anderen Ausdruck eines bestimmten Platzes innerhalb einer Rangreihe. Waren am Anfang ausschließlich die Wahrnehmung und der handelnde Umgang mit den Dingen die dominierende Aneignungsmethode, so verlangt der weitere Umgang mit Mengen und Zahlen immer abstraktere, von den Dingen losgelöste geistige Prozesse. Dies soll nicht bedeuten, daß nunmehr nicht mehr mit den Dingen umgegangen werden soll. Mitnichten!

Nach wie vor gelangen die Kinder nur durch den WIEDERHOLTEN UMGANG MIT MENGEN ZU ZAHLVORSTELLUNGEN, aber die geistigen und denkenden Akte gewinnen immer mehr an Gewicht. Daher sollen abschließend noch einige Spiele beschrieben werden, bei denen wir den Umgang mit Mengen durch ein entsprechendes Arrangement organisieren können.

Folgende Fähigkeiten und Fertigkeiten sollen übergreifend gefördert werden:

- Elemente einer Menge zählen
- Mächtigkeit einer Menge mit einer anderen vergleichen und den Unterschied durch eine Zahl ausdrücken
- Die Anzahl der Elemente mit einem Blick (simultan) erfassen
- Mengen ergänzen
- Größere Mengen in kleinere Mengen untergliedern
- Zwei und mehr kleinere Mengen zu einer größeren Menge vereinigen
- Ordnungszahl anwenden
- Erstes Anbieten von Ziffern

Die hier beschriebenen Spiele sollen als Auswahl verstanden werden. Es ist ratsam, im vorschulischen Alter über den hier genannten Zahlbereich (1–6) nicht hinwegzugehen. Es kann nicht Aufgabe der mathematischen Früherziehung sein, das schulische Angebot vorwegzunehmen. Vielmehr besteht die Aufgabe der mathematischen Früherziehung darin, eine breite, handlungsorientierte Grundlage im Zahlbereich zu schaffen, damit auch die entwicklungsverzögerten Kinder die gleichen schulischen Startchancen erhalten.

Was ist passiert?

Der Erwachsene stellt drei Bilder mit jeweils den gleichen Umrissen eines LKW's her (LKW als Schablone aus Karton schneiden). Auf dem ersten LKW liegen drei Rollen; auf dem zweiten liegen nur noch zwei, weil eine davon heruntergefallen ist; auf dem dritten und letzten LKW befindet sich keine Rolle mehr, alle drei Rollen liegen hinter dem LKW auf der Erde.

Die drei Bilder haben eine chronologische Geschichte, wobei die Anzahl der Rollen, die auf der Ladefläche des LKW liegen, von Bedeutung ist.

„Schaut euch diese drei Bilder sehr genau an. Zuerst legt ihr sie in der richtigen Reihenfolge hin und als zweites erzählt ihr mir, was hier passiert ist."

Variation:

Drei Bilder eines Apfelbaumes. Auf dem ersten hängen viele Äpfel, auf dem zweiten einige und auf dem dritten liegen alle im Gras.

Die Bilder eines Mannes, der Luftballone verkauft usw. . . . .

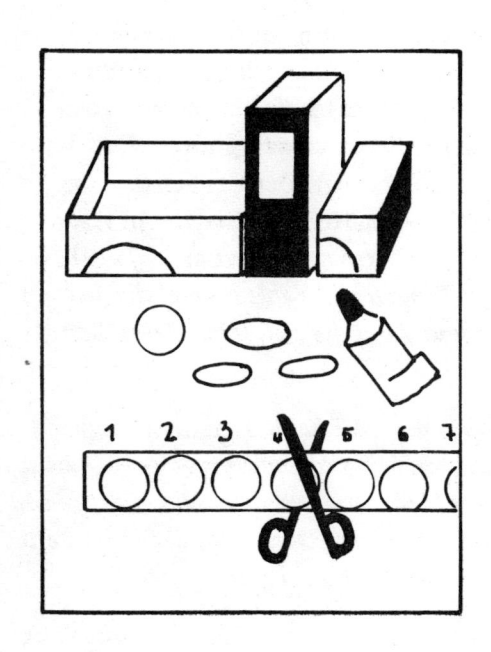

Wieviele Räder?

Bei vielen Bastelsituationen spielt das Anzahlmäßige eine zunehmend wichtige Rolle. Später werden die Kinder im Technikunterricht der Schule solche Aufgaben bis auf den Millimeter genau ausführen müssen.

Wir möchten heute ein „Auto" aus zwei Kartons basteln. Die größere, längere Schachtel bildet den unteren Teil, die kleinere, kürzere den oberen. Mit Plakafarbe wird alles sachgerecht angemalt. Was fehlt noch? Die Räder!

Der Erwachsene malt auf einem Kartonstreifen viele Räder hintereinander auf.

„Hier hast du einen Streifen. Darauf sind viele Räder gezeichnet. Schneide dir soviel Räder ab, wie du brauchst. Dann gib den Streifen an deinen Nachbarn weiter!"

Variation:

An einer Windmühle (Kartonrolle) sollen die Windflügel angeklebt werden. Das Kind soll sich die entsprechende Anzahl von Streifen zurechtschneiden.

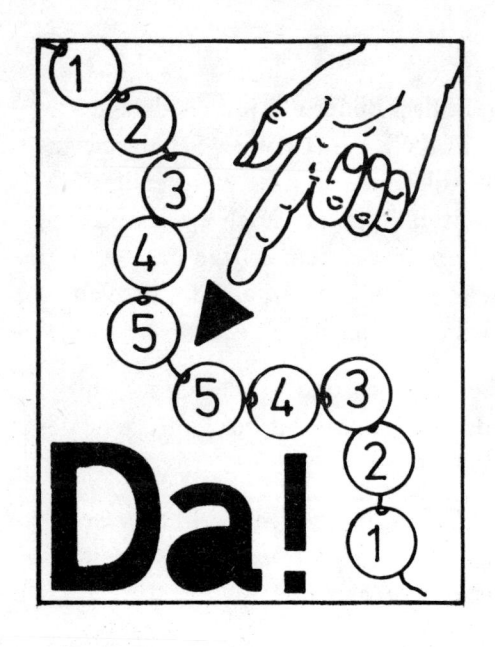

Wo ist die Mitte?

Eine Kette aus großen Kugeln wird aufgefädelt. Sie soll nicht mehr als zehn und auch keine ungerade Anzahl Kugeln enthalten. Zuerst wird die Kette um den Hals gelegt und bestaunt.

Nachdem das Putzbedürfnis befriedigt ist, legt der Erwachsene eine Kette der Länge nach auf den Tisch und fragt: *„Wer kann mir sagen, wo bei dieser Kette die Mitte ist?"* Bestimmungsversuche werden unternommen. Es gibt mehrere Lösungsmöglichkeiten:

a) Abzählen der Einzelperlen von den Enden her,

b) Hochheben der Kette an beiden Enden und Mitte bestimmen,

c) Perlen von den beiden Enden her in jeweils gleichen Gruppen einteilen.

Ohne allzuviel Hilfestellung sollen die Kinder nun an ihrer eigenen Kette die Mitte bestimmen.

Tauziehen

Der Erwachsene zeigt den Kindern ein Bild, auf dem zwei Mannschaften jeweils rechts und links an einem Tauende ziehen. Die eine Mannschaft besteht aus zwei Personen, während der anderen vier angehören. Das Bild wird den Kindern wortlos gezeigt. Der Erwachsene deutet nur auf die zwei Mannschaften und macht ein fragendes Gesicht. Erfolgt keine Reaktion, fragt er: *„Ja geht denn das mit rechten Dingen zu? Zählt einmal die Jungen hier auf dieser Seite und dann die auf der anderen Seite. Was sagt ihr dazu?"*

Wahrscheinlich werden jetzt die Kinder zu dem **Ungleichgewicht** Stellung nehmen und vielleicht sogar einen Lösungsweg finden: *„Von der Mannschaft mit den vier Jungen soll einer auf die andere Seite gehen. Dann sind auf jeder Seite zwei Jungen. Die Mannschaften sind gleich stark."*

Der Erwachsene legt ein Seil auf den Boden und fordert die Kinder auf, die oben gezeigte Situation nachzuspielen.

Am konkreten Vorgehen soll die Frage des GLEICHGEWICHTES erlebt und erfahren werden.

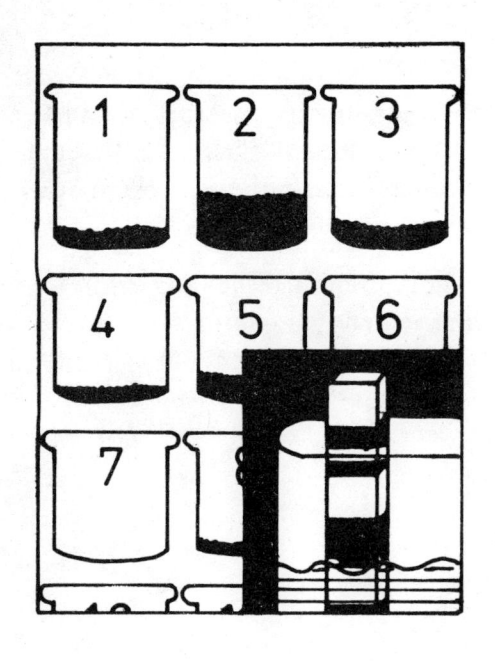

Regenkalender

Es ist bestimmt für Kinder interessant und lehrreich zu sehen, wieviel Regen über einem bestimmten Zeitraum hinweg fällt.

Wir bereiten ein großes Stück weißes Packpapier vor und zeichnen mittels einer Schablone dreißig Umrisse eines Weckglases darauf. Dieses noch unvollendete Schaubild hängen wir für alle sichtbar an die Wand.

Jeden Tag stellen wir das gleiche Glas im Freien auf und messen den Niederschlag. Die ermittelte Menge (außen bunte Papierstreifen anlegen und Karos abzählen) tragen wir jeden Tag auf unserer Schautafel ein. Am Ende eines Monats können wir dann sehen, wann es wieviel geregnet hat.

Durch diese Art der chronologischen Aufzeichnung und einer Gesamtübersicht werden die Kinder früh mit statistischen Techniken und Möglichkeiten bekannt gemacht.

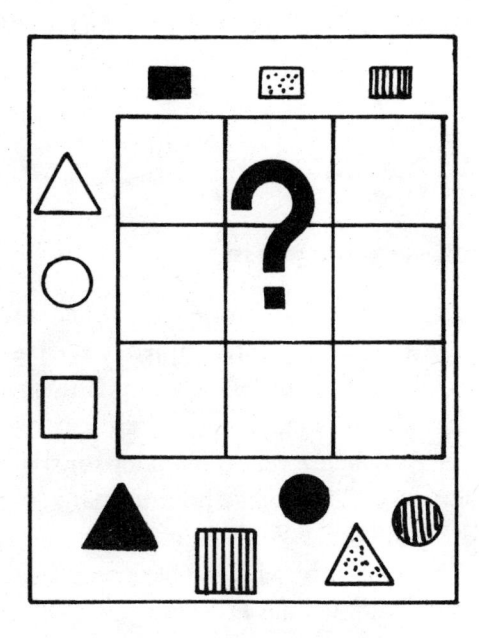

Ordnen

Auf den Fußboden wird mit Kreide ein Gitter mit neun Feldern (s.Abb.) gezeichnet. Daneben legen wir von jeder Form (Kreis, Rechteck, Dreieck) und von jeder Farbe (rot, blau, gelb) große Legeklötzchen (Logische Blöcke) und ermuntern die Kinder, die Klötzchen so in die Felder zu legen, daß in einer Reihe immer die gleichen liegen.

Wir lassen den Kindern ausreichend Zeit, um zu eigenständigen Lösungen zu finden. Erst wenn wir merken, daß es den Kindern schwer fällt, geben wir Vermittlungshilfen.

Vor jedes Rechteck in senkrechter Anordnung malen wir eine entsprechende Form. Vor jedes Rechteck in waagrechter Anordnung legen wir einen Papierschnipsel in der entsprechenden Farbe. Ist diese Vermittlungshilfe noch zu schwach, legen wir die ersten Klötzchen in je ein Feld. Zeigen die Kinder auch hier noch Schwierigkeiten, legen wir alle Felder mit den Kindern gemeinsam aus. Hernach sollen die Kinder es allein tun.

Stühle aufstellen

Kinder sollen schon frühzeitig zu kleinen Arbeiten und Verpflichtungen, die im Rahmen ihrer Möglichkeiten liegen, herangezogen werden. Das fördert ihr Selbstbewußtsein und läßt sie mancherlei Fähigkeiten erlernen.

Am Nachmittag steht die Aufführung eines Kasperltheaters auf dem Programm. Der Erwachsene gibt einem Kind den Auftrag: *„Stelle bitte die Stühle für die Zuschauer auf. Stell die Stühle aber bitte so auf, daß in jeder Reihe fünf Stühle stehen. Insgesamt stelle aber nicht mehr als drei Reihen auf! Hast du verstanden, was du tun sollst?"*

Andere Beispiele:

Das Kind soll eine bestimmte Anzahl von Mohrrüben für die Mutter aus dem Keller holen.

Das Kind soll die Konservendosen so in den Küchenschrank einräumen, daß immer drei hintereinander stehen.

Das Kind soll vier Äpfel aus dem Obstkorb abwaschen und jedem Familienmitglied einen neben den Teller legen.

Wünsche äußern

Ein Spiel, das für Kinderfeste geeignet ist.

Der Erwachsene befestigt in 5 cm (10 cm) Abstand Schnüre mit Hilfe eines Reißnagels an einer Leiste. An jedes Ende einer Schnur hängt er eine Kleinigkeit (Matchbox-Auto, Gummiball, Plastikeimerchen, Schaufel, Bonbon, Keks, Bleistiftspitzer usw.). Die Leiste legt er zwischen zwei Stühle oder sonstigen erhöhten Gegenständen, so daß die Dinge herunterhängen können. Nun darf jedes Kind einen Wunsch äußern, dabei soll es aber nicht den Namen des begehrten Gegenstandes, sondern die Stelle beschreiben, wo das Ding hängt.

„Ich habe einen Wunsch. Mein Wunsch hängt am dritten Faden. Darf ich den dritten Faden abschneiden?"

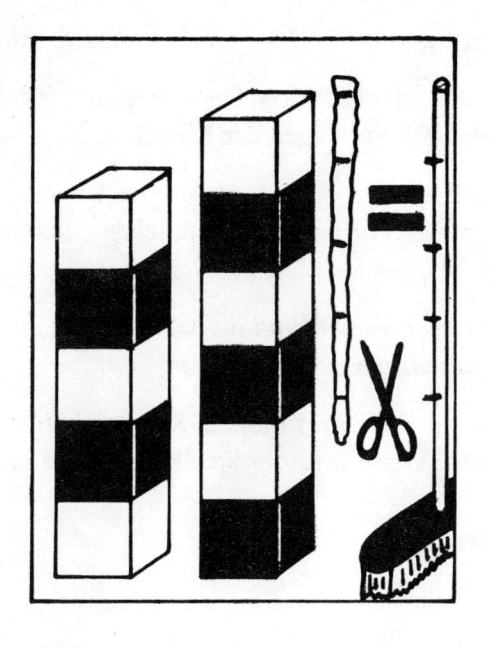

Turmhöhe

Drei Kinder der Gruppe haben sich zu einer Untergruppe zusammengeschlossen. Jeder möchte einen hohen Turm bauen.

Voller Eifer widmen sie sich ihrer Arbeit. Die drei Türme sind fertig. Es läßt sich nur schwer entscheiden, wer den höchsten Turm gebaut hat.

Wie können wir genau feststellen, wer den höchsten Turm gebaut hat? Diese Frage geben wir an die Kinder weiter. Die Kinder überlegen. Zwei haben eine ausgezeichnete Idee.

1) Martin holt einen Wollknäuel und eine Schere. Er läßt von jeder Turmspitze einen Wollfaden bis zur Erde baumeln und schneidet ihn dann ab. Danach legt er alle drei Fäden in einer Reihe nebeneinander und kann genau sehen, welcher von den dreien am längsten ist.

2) Sofie bringt einen Besen und einen Bleistift an. Sie stellt den Besen samt Stiel neben jeden Turm und markiert die Höhen. Dann schaut sie, welcher Strich sich weiter oben oder unten am Stiel befindet.

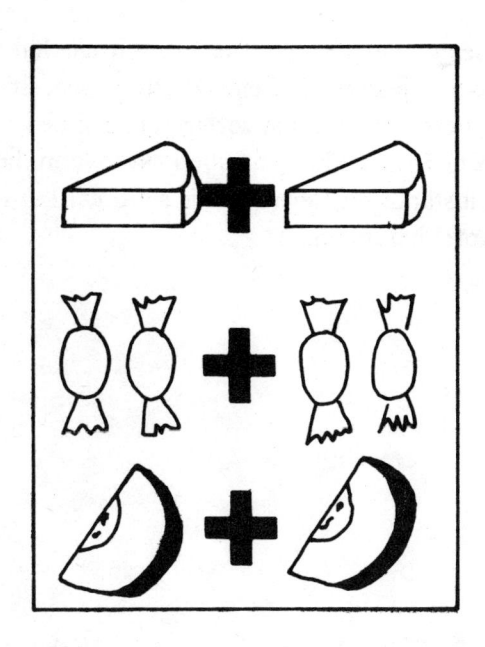

Doppelt so viel (groß)

Die Verdoppelung als exakte Größe spielt im Kinderleben noch keine entscheidende Rolle.

Trotzdem können wir so nebenbei den Begriff und den Vorgang des Verdoppelns den Kindern anbieten.

Beispiel:

Die Kinder helfen der Mutter im Garten beim Erdbeerpflücken. Jedes Kind pflückt ein Schälchen voll, die Mutter pflückt zwei. Sie stellt ihre beiden Schälchen neben das eines Kindes und sagt: *„Schau, du hast ein Schälchen voll gepflückt, ich habe zwei, also habe ich doppelt so viel gepflückt wie du."*

Jetzt verteilen wir die Erdbeeren: „Lege in diese Schüssel nacheinander immer eine. In die andere legst du immer doppelt so viel. Wieviel sind das?"

Wieviel sind noch im Raum?

Bei diesem Spiel zählen wir rückwärts. Die verwendeten Zahlen richten sich nach dem Zählvermögen der Kinder.

Die Kinder fassen sich an den Händen, stellen die Anzahl der Mitspieler fest und gehen im Kreis. Dabei sprechen oder singen sie folgenden Reim:

„Wir gehen froh und leise immer rund im Kreise. Wenn einer uns verläßt, dann sind wir nur noch . . . . . "

Nach jedem Versende verläßt ein Kind den Kreis und stellt sich an die Wand. Auf diese Weise wird der Spielkreis immer um „eins" kleiner.

Variation:
Es wird festgestellt, wieviel Kinder sich am Spiel beteiligen (nicht mehr als 8), dann wird ausgezählt (s. Abzählreime). Nach jeder Runde verläßt ein Kind die Gruppe. Es wird erneut festgestellt, wieviel Kinder noch vorhanden sind.

Halbieren

Manche Dinge müssen geteilt werden. Der Erwachsene hat einen Apfel und möchte jedem Kind eine Hälfte geben. Er wird zuerst den Kindern das Problem vorlegen und ihnen immer mehr und mehr Hilfestellungen geben. Nur wenn die Kinder zu keiner selbständigen Lösung fähig sind, wird er vor den Kindern den Apfel halbieren.

Vermittlungshilfen:
1) Der Erwachsene legt den Apfel vor den Kindern hin und sagt, daß jeder von den beiden gleichviel vom Apfel erhalten soll.

2) Der Erwachsene macht eine Gebärde des Halbierens, indem er mit der gestreckten rechten Hand über die linke Faust fährt und so tut, als ob er sie mit einem Messer teilen wolle.

3) Der Erwachsene legt ein Messer neben den Apfel.

4) Der Erwachsene legt die Schneide des Messers in halbierender Absicht über den Apfel.

5) Der Erwachsene zerschneidet den Apfel in zwei Hälften.

Spiel zu zweit

Selbst wenn nur zwei Mitspieler vorhanden sind, können den Kindern Rechenspiele vorgeschlagen werden.

Auf dem Tisch liegen eine Handvoll Perlen, Steine oder sonstige Dinge. Während sich ein Mitspieler umdreht, nimmt der andere eine gewisse Anzahl von den Dingen in seine Hand, macht eine Faust und hält sie dem Ratenden entgegen. *„Was schätzt du? Wieviel Perlen habe ich in meiner Hand?"*

Jeder darf dreimal die Schätzfrage stellen, dann kommt der andere an die Reihe.

Variation:
Diese Variation ist eher für ältere und fortgeschrittenere Kinder gedacht. Dem Ratenden werden beide Fäuste hingehalten. In jeder Faust befindet sich eine bestimmte Anzahl. Der Ratende soll sagen, wieviel Dinge sich insgesamt in beiden Fäusten befinden.

Murmelspiel (Auswahl)

Andotzen:
Der erste Spieler kullert seine Murmel von der Grundlinie aus beliebig weit fort. Der zweite Spieler soll seine Murmeln an die des Vorgängers „dotzen" (anschlagen) Wenn ihm das gelingt, darf er beide Murmeln einstreichen und es beginnt die nächste Runde. Geht es daneben, holt sich der erste Spieler seine Murmel zurück und versucht jetzt seinerseits, die Murmel des Gegners anzuschlagen.

Brettrollen:
Ein Murmel-Zweikampf, bei dem die Regeln des zuvor beschriebenen Spiels „Andotzen" gelten. Wichtiges Requisit ist ein langes, nicht zu schmales Brett, das schräg gegen eine Mauer gelehnt wird. Der erste Spieler läßt die Kugel das Brett herunterrollen; der zweite Spieler soll mit seiner Kugel die erste treffen. Kommt eine Murmel seitlich vom Brett ab, darf der Versuch wiederholt werden.

Bei allen Murmelspielen muß immer wieder festgestellt werden: Wieviel habe ich verspielt?

Ziffern

Wenn wir hier von Ziffern sprechen, dann meinen wir nicht die schriftliche Aufgabenform des ersten Mathematikunterrichts der Schule. Dies wäre eine allzugroße Überforderung der Kinder, weil die Ziffer und deren Anwendung eine abstrakte Stufe in der Entwicklung des Zahlbegriffs darstellt. Die Ziffer ist nicht mehr an den Gegenstand gebunden, sie ist der Repräsentant einer Menge, sei diese konkret vorhanden oder auch nur gedacht. Wegen dieses gegenstandsentbundenen Aspekts soll sie auch nur so nebenbei, als eine Variation in den Spielverlauf eingebracht werden. So wie manche Kinder das Schriftbild „Ball" mit dem realen Ball verbinden, ohne gleich das Lesen zu üben, sollen die Kinder die Ziffer (1–6) den konkreten Mengen zuordnen oder die Ziffer mit dem entsprechenden Mengenbild verbinden lernen. Am Ende soll das eine für das andere stehen können.

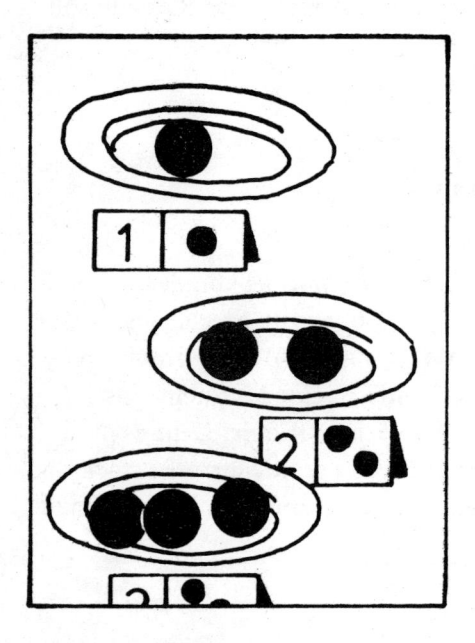

Mengenbilder mit Ziffern

Auf dem Tisch stehen drei bis vier Teller mit einer ansteigenden Anzahl von Dingen (Nüsse, Bohnen, Gummibärchen, Muscheln usw.).

Aufforderungen

1) *„Schaut euch diese drei Teller mit den Kastanien einmal genau an. Wer kann mir sagen, wieviel Kastanien in jedem Teller liegen?"*

2) *„Ihr habt festgestellt, wieviel Kastanien in den Tellern liegen. Wer kann die Teller so hintereinander stellen, daß im nächstfolgenden Teller immer eine Kastanie mehr ist?"*

3) *„Die Teller stehen nun in der richtigen Reihenfolge. Hier habe ich Mengenkarten. Wer möchte sie den Tellern zuordnen?"*

4) *„Fällt euch bei den Mengenkarten etwas auf? Neben dem Mengenbild steht eine ZAHL. Wenn wir die Zahl „eins" schreiben wollen, dann sieht sie so aus!"*

Zusammensetzbrettchen

Im Spielwarenhandel werden Zusammensetzbrettchen angeboten. Auf der rechten Seite befindet sich die Ziffer und auf der linken das entsprechende Mengenbild. Beide Teile sind durch ein Zacken- oder Wellenmuster getrennt und lassen sich bei Übereinstimmung der beiden Konturen auch wieder zusammensetzen. Nach dem einführenden Umgang der Mengen mit Ziffern werden den Kindern solche Spielmaterialien mit „eingebauter Lernkontrolle" zur Stillbeschäftigung angeboten. Fügen sie zwei nicht zusammengehörende Teile zusammen, werden sie dies augenscheinlich gewahr, weil die rechte und die linke Seite nicht ineinandergreifen. Das Kind kontrolliert sich selbst.

Telefonieren

In der Spielgruppe wird telefoniert.
Jedes Kind, das einen Telefonanschluß haben möchte, erhält auch eine Rufnummer (1—0). Hat Martin, der in der rechten Ecke des Zimmers sitzt, der Gisela etwas Wichtiges zu sagen, wählt er die zuvor vereinbarte Nummer, spricht die „Zahl" laut aus, damit die Gisela auch weiß, daß sie angerufen wird. Er wählt also die Nummer und teilt der Gisela seine Neuigkeiten mit.

Damit es nicht allzu laut und störend im Zimmer wird, vereinbaren die Kinder zuvor, daß immer nur zwei Partner miteinander telefonieren dürfen.

Jeder Mitspieler darf nach Belieben jeden anderen Mitspieler anrufen, vorausgesetzt, er wählt die richtige Nummer.

Pflasterspiele (Auswahl)

Für die Pflasterspiele wird nicht viel benötigt – ein Stück Kreide (Kalkstein), um das Schema auf das Pflaster zu malen und einen flachen Spielstein.

Die Grundregel aller „Hinkekästchen" lautet so: Man durchspringt die Figur nach der vorgegebenen Nummerierung. Verursacht der Springer einen Fehler, setzt er aus, bis die Reihe wieder an ihm ist. Er springt dann von der Stelle aus, wo er zuvor aufhören mußte.

Fehlermöglichkeiten:
Ein Fehler wird dann verursacht, wenn man einen Sprung nicht wie vorgeschrieben (1–6) ausführt, wenn man auf einem Strich aufkommt oder wenn der Spielstein über ein Kästchen hinausrutscht.

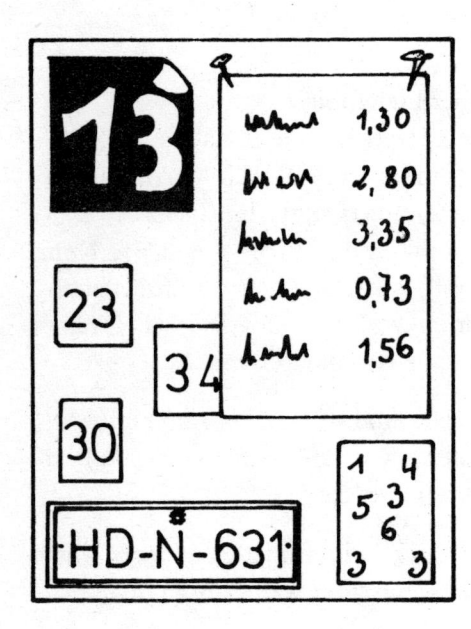

Wo ist die 3?

Ziffern sind überall anzutreffen. Sie können groß und klein, dick und dünn, verschnörkelt oder ganz glatt und einfach aussehen und doch bleibt immer die Grundorm gewahrt.

Wir sammeln die allermöglichsten Reklameschriften, Anzeigen, Hinweistafeln, Nummernschilder usw. und hängen sie durcheinander im Zimmer auf.

„Heute spielen wir ein ganz besonderes Suchspiel. In diesem Zimmer hat sich viele Male die Zahl „3" versteckt. Eure Aufgabe besteht darin, sie zu suchen. Zuvor müßt ihr aber sagen und zeigen, wie die „3" aussieht. Wer kann eine „3" an die Wandtafel malen?"

Schlußwort

Mit dieser Spielesammlung wollten wir Hinweise zur mathematischen Früherziehung entwicklungsgestörter Kinder geben, um ihnen den Einstieg in die Schulmathematik zu erleichtern. Doch bleiben diese Hinweise leere Worte, wenn nicht die Initiative und die Phantasie der Erwachsenen hinzukommt. Sie füllen die Spiele mit Leben, sie stimmen die Spielabsicht auf das Lern- und Formvermögen der Kinder ab, sie denken sich neue Spiele aus und sie brechen ein Spiel ab, wenn es allzu sehr in Übung ausarten sollte.

Die Freude und die Lust am Spiel kommen immer vor jeder noch so gut gemeinten Förderabsicht.

Konzentrationstraining für Schüler und Jugendliche, Teil I

Kluge / Hirschfeld
48 Seiten DIN A 4
Best.-Nr. 16   DM 7,50

Dieses Programm ist aus der täglichen Arbeit mit Schülern, gesunden sowie behinderten, entstanden. In einer Kinder und Jugendlichen entsprechenden Form wird hier eine Möglichkeit aufgezeigt, wie Heranwachsende lernen können, sich konzentriert mit einer Sache zu beschäftigen.
Konzentration ist kein statischer Prozeß, sondern eine Möglichkeit, in der neben dem „Wollen" noch viele andere Bedingungen angesiedelt sind. Deshalb ist dieses Trainingsheft in sich differenziert aufgebaut. Es fördert neben so banal erscheinenden Fähigkeiten wie „Genauigkeit" im Nachmalen gleichzeitig die visuelle Differenzierung und durch die Arbeit mit dem Programm die Fähigkeit sich konzentrierter und aufmerksamer mit der Umwelt zu befassen. Besonders für LRS-Kinder stellt das Programm eine wirksame Ergänzung der Therapie dar.
Bei all dem sollte aber nicht vergessen werden, daß die Beschäftigung der Kinder mit diesem Lernprogramm für sie ein Spiel sein und bleiben soll, bei dem sie mitspielen können aber nicht müssen, weil sie jemand dazu zwingt. Über ein Lob und/oder eine Belohnung freuen sich Kinder immer!

Zielgruppen: Eltern und Erzieher, Schüler von 8 - 15 Jahren.

★ Vom ersten Laut zum ersten Wort
– Sprachlernhilfen für entwicklungsbehinderte Kinder –

W. Vater / M. Bondzio
224 Seiten / Format 17 x 24 cm   DM 24,–

Sprechen können und die Sprache verstehen sind keine Selbstverständlichkeiten. Es ist ein langer und oft auch schwieriger Weg vom ersten hörbaren Laut bis zum ersten sinnvoll gesprochenen Wort.

Das durch und durch praxisbezogene Buch zeigt in einfacher, verständlicher Ausdrucksweise, unterstützt mit vielen Abbildungen den Weg der fundamentalen Sprachentwicklung auf und gibt konkrete und handfeste Anregungen all denen, die sich um die sprachliche Entwicklung eines Kindes Gedanken machen.

Kurzauszug aus dem Inhalt: Was ist zu tun, um die Über- oder Unterempfindlichkeit im Mundbereich abzubauen? Wie können die verschiedenen Störungen der Nahrungsaufnahme behandelt werden? Warum ist das Lallen so wichtig und wie kann es angeregt werden? Welche Bedeutung haben bestimmte Lautverbindungen für das Sprachverständnis? Die alte Ammensprache im neuen Licht. Hören will gelernt sein! Wie kann das Bilden einzelner Laute und Lautgruppen erleichtert werden? Welche Möglichkeiten bieten sich an, das Aussprechen der ersten Wörter zu erleichtern? Zahnpflege.

In diesem Buch werden neue und alte Wege in einem aufgezeigt.

★ Frühförderungs- und Entwicklungshilfen für beh. Kinder

W. Vater / M. Bondzio
224 Seiten / Format 17 x 24 cm
Best.-Nr. 3   DM 22,–

Das Lehrprogramm in dieser Schrift wendet sich vornehmlich an Eltern und Erzieher mit behinderten bzw. entwicklungsverzögerten Kleinkindern (Entwicklungsalter von 0–3 Jahre). Es lehnt sich an den normalen Entwicklungsverlauf an und berücksichtigt die einzelnen Phasen und Leistungsschritte. Das Programm ist aber auch für ältere, schwerer behinderte Kinder geeignet, die sich auf der entsprechenden Entwicklungsstufe befinden.

Die Entwicklung ist in 8 Entwicklungsniveaus von 0 bis 36 Monate aufgeteilt. Für jedes Entwicklungsniveau werden eine Anzahl von Übungen für die Förderungsbereiche Sehen, Hören, Greifen, Sprechen, Bewegen aufgezeigt.

Aus dem Inhalt: Einführung – Spiel- und Beschäftigungsangebote – Saugen – Schlucken – Mundbehandlung – Eß- und Trinktherapie – Kauen – Abbeißen und Kauen – Zahnpflege – Essen mit Löffel – Eßhilfen – Übungs- und Beschäftigungsprogramm für schwerstbehinderte Kinder – Spielzeuge für das 1., 2. und 3. Lebensjahr – Hersteller für Spiel- und Beschäftigungsmaterial sowie für Hilfsmittel – Verzeichnis der Eltern- und Behindertenverbände – Literaturhinweise.

Konzentrationstraining für Schüler und Jugendliche, Teil II

M. Hirschfeld
48 Seiten DIN A 4
Best.-Nr. 17   DM 7,50

Dieses Schülerarbeitsprogramm trainiert gezielt Konzentration und Aufmerksamkeit. Durch Anheben des Schwierigkeitsgrades gegenüber dem Teil 1 werden die Bereiche: Konzentration, Aufmerksamkeit, Feinmotorik und visuelle Differenzierungsfähigkeit verstärkt und gesichert.
Die Verschiedenartigkeit der einzelnen Übungen trainiert die Verbindung verschiedener Hirnregionen und führt zu einer Verbesserung der Reizreaktionen und der Verbindung unterschiedlicher Wahrnehmungsfelder der Großhirnrinde. Die damit vergrößerte Leistungsbereitschaft fördert gleichzeitig die Freude am Lernen und hilft so Lernstreß abzubauen.
Als neuer Schwerpunkt ist die Förderung des Aufgabenverständnisses hinzugenommen worden, weil sich gezeigt hat, daß eine Verbesserung des Aufgabenverständnisses direkt die Konzentrationsfähigkeit erhöht.
Bei konsequenter Arbeit mit diesem Programm (mindestens 2 x wöchentlich 10 bis 15 Minuten) ist nach einem halben Jahr eine deutliche Verbesserung der angesprochenen Bereiche feststellbar.

Zielgruppen: Eltern und Erzieher sowie Schüler von 8 bis 15 Jahren aller Schulformen.